JN410235

앉은 자리
꽃자리

앉은 자리 꽃자리

김진태 수필집

북랜드

책을 펴내며

"어떻게 하면 좋은 글을 쓸 수 있을까?"

수필에 입문한 지 5년이 지났습니다.

글쓰기 전에는 큰 것에게만 눈을 주었는데

글을 쓰면서 집 앞 대문 밑의 민들레꽃에 눈을 줄줄 알게 되었습니다.

그리고 힘없고 나약한 사람들의 이야기를 더 듣게 되었습니다.

그리고 가장 큰 소득이라면

"나에게는 무엇이 가장 큰 문제였는가?"

하는 것이었습니다.

이것 때문에 웃고 살 것을,

너무나 힘들게 살았음을 알게 되었습니다.

그래서 앞으로는 더 용서하고

더 너그럽게 받아들이는 삶을 살아가고 싶습니다.

부족하나마 한 관문을 통과해야 다음 여정이 오기에

용기를 내어 출간하게 되었습니다.

그동안 이끌어주신 달구벌수필회, 수필과지성 아카데미의

선생님, 선배님, 그리고 문우님들께 감사드리며

항상 옆에서 지켜봐준 아내와 식구들에게

이 자리를 빌어 감사드립니다.

가을이 무르익을 때

김진태

차례

꽃자리

가까이 하고 싶은 사람

자고 나면 낫는다

쉬었다 가십시오

평생 만든 작품

꽃자리

환희

꽃자리

지난 세월은 다 아름답게 여겨진다. 어떤 순간은 시계를 거꾸로 돌리고 싶을 때도 있다.

일상의 평범한 일들이 다 소중한 일이었는데, 그때는 왜 그것을 모르고 지냈는지. 그 나름대로 지고 가는 짐이 너무 무거워 그 소중함을 몰랐던 것일까.

일전에 아버님과 야외 시골 식당에서 식사를 마치고, 거실에서 차를 마시면서 식당 주인 아버지와 이야기를 나누게 되었다. 식당 할아버지가 아버님께 물었다.

“나이가 얼마 되었소?”

“칠십입니다.”

“내가 당신 나이라면 팔팔 날았겠소.”

팔십이 갓 넘은 할아버지의 말에 우리는 웃음을 감추지 못했다. 그 분은 십 년 전의 지난날을 그리워하고 있었던 것일까.

추석을 맞아 오랜만에 빛이 바랜 앨범사진을 펼쳐본다. 어릴 적 코흘리개 칠 남매의 사진이 있다. 젊었을 때의 아버지와 어머니도 보인다. 벌써 내 마음은 오십 년 전으로 돌아간다. 집 앞의 흰 돌이 깔려있는 시냇가에서 손바닥만 한 피라미를 잡고, 발가벗은 아이들과 물장난을 치고 멱을 감고 있는 장면이 떠오른다. 감자나 옥수수를 삶아서 십여 명의 가족이 둘러앉아 사이좋게 먹는 정경이 떠오른다. 그 때의 친구들도 한 사람씩 떠오른다.

그러나 그 당시로서는 사진에서 보는 것과 같이 살지 못했다. 나의 초등학교 시절은 약간의 언어장애로 학교생활은 지옥과 같았다. 중고등학교 시절엔 좋은 학교에 입학하기 위해 교실이나 도서관에 파묻히다시피 했다. 대학교 때는 학점관리에 총력을 기울이다 보니 대학의 낭만은 생각지도 못했다. 그런데 오래된 사진을 보고 있으면 왜 그 시절이 그립고 무조건 그때가 좋았던 것으로 기억되는지.

청도 화양읍 성터 옆에 전통찻집이 있다. 구석 목판에 구상 시인의 '꽃자리' 란 시를 볼 수 있었다.

반갑고 고맙고 기쁘다

앉은 자리가 꽃자리니라!
네가 시방 가시방석처럼 여기는
너의 앉은 자리가 바로 꽃자리니라.
반갑고 고맙고 기쁘다.

앉은 자리가 꽃자리니라
앉은 자리가 꽃자리니라!
네가 시방 가시방석처럼 여기는
너의 앉은 그 자리가
바로 꽃자리니라.
– (생략) –

돌이켜보면 소소한 일상의 삶이 모두 소중했는데 왜 항상 가시방석 속에서 헤매었는지. 살아가는 것이 녹록치 않고, 세상을 보는 시야가 좁아서 그랬을까. 이 생각을 하다가 문득 번개처럼 스쳐가는 것이 있다.

힘들다고 생각하는 현재를 십 년 뒤엔 똑같이 그리워 할 것이 아닌가. 가시방석으로 생각하는 지금 여기를 꽃방석으로 만들지 못한다면 영원히 그것을 찾지 못할 것이란 생각이 들었다.

사람을 살리는 말

칼은 사람을 살릴 수도 있고, 죽일 수도 있다. 마찬가지로 사람이 하는 말도 사람의 기를 살리는 말이 있고, 죽이는 말이 있다. 우리들 중에는 그림 잘 그린다는 초등학교 선생님의 말 한 마디에 화가가 된 사람이 있고, 소질이 없다는 말 한 마디에 피아니스트의 꿈을 접은 사람도 있을 것이다.

우리는 어릴 때부터 거짓말을 하면 안 되고, 입은 비뚤어도 말은 바르게 해야 한다고 교육받는다. 그러나 아무리 진실한 말이라도 하지 말아야 할 경우가 있다는 것에 대해서는 대체적으로 언급이 크게 없는 것 같다.

사회생활이란 주로 대화를 통하여 서로 소통함으로써 인간관계가 이뤄진다고 할 수 있겠다. 여기서 간과하기 쉬운 것은 대화는 적당한 시기와 장소가 필요하며, 더욱 중요한 것은 상대방이 이야기를 받을 준비가 되어 있느냐 하는 점

천지 창조

이다.

예를 들어, 사랑하는 친구가 사업이 잘 안되어 절망 속에서 허우적거리며 힘들어 할 때, 친구를 위하여 좋은 충고나 격려라고 생각하고, 깊은 생각 없이 함부로 말을 했을 때이다. 이때 상대방이 들을 준비가 안 되어 있을 경우, 그 충고는 오히려 독이 될 수 있다는 것이다.

인간은 자기의 잘못에 대해서 대체로 자기 합리화하는 경향이 있다. 사업이 실패했을 때, 자기의 잘못보다는 경기가 안 좋았다던지, 다른 동업자의 잘못 등 외적인 것이나 사회적인 원인으로 돌리고 싶은 것이다. 자기 잘못으로 인정함은 자신이 너무 비참해지고, 자존심이 너무나 상하므로 그곳에서 빨리 벗어나고 싶은 것이다.

이러한 경우 당사자는 충고보다는 주위 사람들로부터 따뜻한 위로와 격려를 받고 싶고, 조용히 옆에서 자기 이야기를 들어주길 기대하기 때문이다.

그러므로 남에게 충고한다는 것은 시간이 좀 흘러서, 상대방의 고언을 받을 준비가 되어 있고, 자기의 잘못을 시인하고 스스로가 자기변화를 꾀할 때, 그 때서야 가능할 것이다.

명절날, 우리는 사랑하는 사람의 여러 가지를 걱정해준다. 직장 못 구한 노총각 앞에 직장 애기, 시집 안간 노처녀에게 결혼 걱정, 사업 힘들어 하는 사람 앞에서 돈 이야기 등 이런 이야기를 거침없이 쉽게 한다. 그러나 과연 이런 이야기가 그 사람들에게 도움이 되었는지, 혹시나 자존심을 상하게 하지 않았는지, 이러한 관점에서 한 번쯤 생각해 보아야 될 것 같다.

사회생활에서는 이같이 진실한 말이라도 때와 장소를 가려야 하며, 함부로 말해서는 안 될 것이 있는 것이다. 상대가 그것을 받아들일 준비가 안 된 상태에서는 어떤 이야기가 아주 차가운 이야기로 들릴 수도 있고, 어떤 경우는 돌이킬 수 없는 사이로 될 수 있다는 것이다.

남의 가슴을 아프게 하는 말, 눈물을 흘리게 하는 말, 상처와 실망을 주는 말 이런 말은 모두 상대방을 죽이는 말이 될 수 있다.

며칠 전 집사람과 말다툼을 다소 심하게 했는데, 충격이 컸던지 아침에 일어나보니 책상 앞에 다음과 같은 말이 적혀 있었다.

되돌릴 수 없는 것;

1. 내 뱉은 말
2. 떠나간 화살
3. 지나간 세월

절망의 말 한 마디가 사람을 죽일 수도 있고, 좋은 말 한 마디가 사람을 살릴 수도 있다. 무심코 던진 돌이 혹시 개구리를 죽이는 것과 같은 것은 아닌지, 한번쯤 생각해보고 말해야 될 것 같다.

밥 한 번 먹자

조카의 초대를 받았다. 신혼여행 갔다 온 지 얼마 되지 않아 자기 집으로 초대한 것이다. 오래간만에 가보는 집들이였다. 근래는 이렇게 집으로 초대하는 경우가 드물다보니 교자상을 보는 순간 감회가 새로웠다. 긴 상에 둘러앉아 마주보면서 정과 덕담을 나누었다. 옛날부터 면면히 내려온 집에서의 접대 전통을 새삼스럽게 생각하게 되었다.

실상 이 초대도 내가 먼저 조카내외를 초대한 뒤에 이루어진 것이다. 근래 손아래 사람들이 집들이뿐만 아니라 가족들을 집으로 초대하는 것에 대하여 너무 소홀한 것 같아, 결혼 직후 우리 집으로 초대했던 것이다. 새색시에 대해서 많은 것을 알게 되었다. 역시 상대도 우리들에 대해서 많은 것을 알게 되었을 것이다. 서로가 상대에 대해서 잘 모른다면, 만나도 진정한 만남이 될 수 없을 것이다.

일전에 이러한 뜻으로 손자뻘이 되는 신혼부부를 초대했더니 신랑 혼자만 당그라니 왔다. 임신하여 거동하기 힘든다는 것이다. 소위 할아버지가 한번 만나자고 정성을 다해 준비했는데 이렇게 대하다니 섭섭한 것은 이루 말할 수가 없었다. 그동안 내가 시대에 너무 뒤떨어지지는 않았는지 나를 뒤돌아 본 적이 있다.

필자는 7남매였는데, 어릴 때 식사 시간이 되어 이 중 한 사람이라도 없으면, 부모님은 찾아와서 다 같이 식사를 하도록 했다. 우리 집 근처에서 5일장이 서는 날이면, 시장에서 거리가 먼 친척들이 점심때면 우리 집으로 다 모였다. 그러면 어머니는 부족한 밥에 콩나물과 김치라도 더 넣어, 다소 묽은 밥과 국이라도 그것을 머릴 맞대고 먹도록 하였다. 모든 것이 부족한 그때는 나누어 먹었다.

어머니나 할머니의 손에 이끌려 잔칫집에 가보면, 그날은 거지도 똑같이 주안상 한 상씩을 받았다.

아버지의 회갑연 때는 회갑연의 교자상이 물러가고 나면, 마당엔 멍석이 깔려지고, 천막이 쳐지면서 동네의 어른, 아버지의 친구와 친척들을 모시고 동네가 떠들썩하도록 노래 부르고, 자식들과 친구들은 그 노래에 맞춰 춤추고, 밤새도록 놀았다.

가을서정

필자의 신혼 초에도 친가, 처가, 신랑친구, 신부친구, 직장동료들을 초대하여 집들이를 하다보면 한두 달이 후딱 지나갔는데, 이런 추억은 본인만이 아닌 동시대의 사람들은 모두가 경험한 일일 것이다.

근래 물질이 풍부해지면서 우리의 이러한 전통적인 식음문화에 많은 변화가 생기게 되었다. 전통적인 결혼식이 사라진 지는 아주 오래된 이야기이고, 돌잔치나 칠순연 등 집안의 큰 행사는 전문식당에서 하고 있다. 장례식도 거의 대부분이 병원이나 장례전문식장에서 치른다. 모든 것을 밖에서 하고 있는 것이다.

우리의 예식과 음식문화가 너무나도 많이 바뀌었다. 음식은 풍부하지만 인정은 메말라 가고 있고, 식장은 화려하지만 따뜻한 정이 없다.

오래간만에 만난 친구가 "친구야! 우리 집에서 밥 한번 먹자!"란 말이 그리워진다.

비록 초라한 집이고, 차린 것 없더라도 정성과 마음이 담긴 그런 밥상이 그리워진다.

젓가락

모든 큰일은 작은 것들이 모여서 되는데 사람들은 이 사소한 것들을 대수롭지 않게 보는 수가 많다. 작아서 하잘 것 없어 보이기 때문일 것이다. 그러나 이 작은 변화가 젓가락의 만나는 지점은 별 차이가 없으나 벌어질수록 차이가 더 나듯 나중엔 엄청난 차이가 발생함을 볼 수 있다.

50대 여성 비만환자가 비만관리 차 진료실에 왔다. 식이요법, 운동요법 등의 프로그램을 3개월 시행하고 헤어졌다. 그 뒤 3개월 후에 딴 사람이 되어 찾아 왔는데, 20kg를 조절한 것이다. 우리 직원들도 모두 놀랐다. 그동안의 관리 비결을 물어보니 "일찍 자고 일찍 일어나고, 될 수 있는 대로 저녁에는 적게 먹고, 주로 현미채소 식을 먹었다. 음식은 30회 이상 씹어 먹고, 많이 걸었다."는 것이다.

특별한 비결이 있는 것도 아니었다. 이 환자는 생각이 많고 책을 좋아 하여 늦게 자고, 늦게 일어났다. 그러다보니 밤늦게 간식을 자주 먹게 되었다. 체중이 지나치게 불었고, 성격도 느긋해 좋은 인상을 주지만 비만과 음성적인 질환으로 고생하고 있었다. 그래서 양성체질로 바꾸기 위해선 몸을 많이 움직여 열을 만들도록 하고, 일찍 자고 일찍 일어나도록 처방을 내었다. 점차 양성체질로 바뀌어 가면서 체중도 자연히 줄게 되었던 것이다. 운동이나 음식도 중하지만 대수롭지 않게 여기는 잠자는 습관 하나나, 천천히 먹는 습관이 건강과 성격을 바꿀 수 있는 것이다.

평소에 주로 허리환자를 진료하다가 환자에게 허리운동을 자주 하느냐고 물어보면 허리운동이 어떤 것인지 모르는 사람이 대다수다. 목이 뻣뻣하면 나도 모르게 머리를 흔들듯이 허리가 안 좋은 사람도 수시로 허리운동을 하여야 된다고 권유한다. 관절이 안 좋은 사람이 짬짬이 시간 내어 조금씩 관리해주는 것과 안 해주는 것은 나중에는 엄청난 차이가 생기는 것을 자주 목격하게 된다.

중년에 사업 부진으로 고생한 한 친구가 재기한 사업 이야기를 나누게 되어 우연히 출근시간을 묻게 되었다. 직원보다 한 시간 먼저 나가 회사 문을 열어놓고 사무실에서 신문을 보면서 직원들을 기다린다는 것이다. 출근 시간도 제

무위자연

대로 못 지키는 나에게 큰 충격을 주었다. 또 한 은행의 지점장 친구가 청와대까지 가서 금융인 모범상을 받았는데 이 친구도 한 시간 전에 출근하여 하루를 열심히 준비하였다고 했다. 치열한 사회에서 한 시간 먼저 출근한다는 것은 엄청난 노력의 결과일 테지만, 남과 다른 작은 변화가 나중 큰 발전을 가져다 줄 것이다.

소문난 한 식당은 사장이 화장실 청소를 직접 한다고 한다. 처음에는 청결문제로 시작되었겠지만, 주인으로서 솔선수범하는 자세가 직원들에겐 충격이었을 것이다. 일본의 한 호텔에서는 회장이 출근하여 정문에서 손님에게 일일이 절을 한다고 한다. 이 백화점 직원의 서비스 정신은 말할 필요도 없을 것이다. 대구 북구의 성업하는 한 식당에서 지금도 모든 손님들의 구두를 닦아주는 사장이 있다고 한다. 이 사장은 근래 요식업창업 교육장에 강사로 활동하고 있다.

우리가 하고 있는 일이나 사업이 잘 안된다면 남을 생각하는 조그만 배려와 정성을 깃들인 변화가 필요하다. 젓가락이 분기점에선 붙어 있어 큰 차이가 없지만 나중에는 하늘과 땅과 같이 달라지듯 사소한 차이가 나중에는 많은 차이를 가져올 것이다.

어떤 의미

반지나 시계는 우리 주위에서 너무 흔하게 볼 수 있는 물건이다. 그러나 그것이 비록 무생물일지라도 어떤 의미를 내포하고 있다면 상황이 달라진다. 살아가면서 우리의 희로애락이 담겨진 물건이라면 그것은 무한한 가치를 가지고 있기 때문일 것이다.

학생 시절, 사귀는 아가씨에게 황금색의 팔찌를 선물했다. 얼마 뒤 만났는데 실망하는 얼굴이었다. 알고보니 악세사리 상점에서 산 그 팔찌가 바깥만 14K지, 도금한 것이라 며칠도 안 되어 벗겨진 것이다. 팔찌의 변색이 나의 인격까지 의심받는 것 같아, 용기를 내어 보석상에서 진짜 18K에 작은 루비가 박힌 반지를 카페에서 끼워주면서 오해를 겨우 풀었던 일이 있다. 나는 반지가 근무하는 데 좀 거추장스러워 관심이 별로 없었는데, 여성들이 이렇게나 반지에

애착이 많은지는 미처 몰랐었다.

총각 때 자주 놀러가는 친구 집에 할머니 한 분이 계셨다. 시골에서 서울로 올라와 손자들의 밥을 해주고 있었다. 하루는 놀러 가도 인사도 받지 않고 컴컴한 방에서 나오지 않으며 벽만 우두커니 쳐다보고 있었다. 친구는 나를 옆방으로 데리고 가더니, 그 동안의 사건을 이야기 해주었다. 갈 곳이라고는 근처 경로당뿐이어서 하루는 그 곳으로 가고 있는데 젊은 남자가 오더니 '할머니, 우리 어머니가 한 번 보자고 한다.' 면서 골목으로 안내하여 따라 갔다. 그런데 그 사람이 갑자기 강도로 돌변하여 강제로 반지를 빼앗아 갔다는 것이다. 순간적으로 벌어진 일이라 소리 한 번 지르지도 못하고 대낮에 당했다는 것이다. 그 백금반지는 70년 전 할머니의 결혼예물 반지였다. 칠십 평생을 슬프나 기쁘나 희로애락을 같이 해온 반지인데 그것을 뺏긴 것이다. 며칠 째 식음을 전폐하고 벽만 보고 앉아 있었다.

우리도 이와 비슷한 집안 할머니 이야기가 있다. 시외버스를 타고 오일장이 서는 읍내로 가는데, 바로 옆에 젊은 신사한 사람이 계속 금가락지에 눈독을 자꾸 들여 불안했다.

그래서 손가락에 끼고 있던 가락지를 슬그머니 빼서 옷주머니에 넣고 차에서 내렸다. 내리고 보니 반지가 귀신같

일체유심조

이 사라져 버렸다. 장을 보러온 그 할머니는 우리 집의 한 방을 차지하고 날이 저물도록 집에 갈 생각도 하지 않고, 애통해 하시는 모습이 지금도 눈에 선하다. 육칠십 년을 같이 해온 그 반지들을 단지 장식물이 아니라 하나의 생사고락을 같이한 생명체이자, 종교적 신앙과 같은 일종의 호신부로 생각하는 듯했다.

색깔이 노랗게 바랜 어머니 사진 한 장이 있다. 한 병사가 전장에서 낮엔 총알이 비 오듯 쏟아지는데도 저녁엔 그 사진 한 장으로 전장의 모든 피로를 잊고 결국 고향으로 돌아왔다면 그 사진은 어떤 위대한 것보다 큰 힘을 발휘했다고 할 것이다. 운전석 앞에 걸려 있는 염주, 손목에 두르고 있는 친정 엄마가 물려준 묵주, 사무실 한 쪽에 조그만 가족사진 등이 비록 작고 보잘것없이 보일지라도, 힘들 때 우리에게 큰 힘과 위로가 되었다면 그것들은 할머니의 반지 못지않게 모두 큰 의미를 갖고 있을 것이다.

한 번 클릭에 수백만 원 날아가다

퇴근 시간이 되어 직장에서 집사람 앞으로 송금하려고 인터넷 뱅킹 계좌를 열었다. 자주 보내는 계좌라서 무심코 클릭하고 돌아서는데, 수신인이 집사람이 아니라 다른 사람이 아닌가. 정신이 번쩍 들었다. 순간 실수로 삼백만 원이 다른 사람의 계좌로 들어가게 된 것이다.

수십 년 간 거래했어도 이런 실수는 처음이었다. 은행업무가 끝난 뒤라서 밤새도록 혼자서 끙끙 앓다가 아침 일찍 은행을 찾아 갔다. 자초지종의 얘기를 듣고 난 접수부 아가씨는 '수신인을 확인하고 송금하셔야죠.' 라면서 핀잔을 주었다. 돌아가서 기다리라고 하여 기다렸는데 삼십 분의 시간이 며칠인 것같이 느껴졌다.

연락이 왔다. 수년 간 휴면계좌로 수신자의 전화번호가 바뀌고 주소도 이전한 것 같아 법적으로 해야 한다고 하는 것이 아닌가. 하도 답답하여 지점장실을 박차고 들어갔다. 지점장은 처음엔 내 답답한 심정을 이해해주는 것 같더니 담당자의 말을 듣고서는 '근래 개인정보보호법이 강화되어 일체의 인적사항을 이야기할 수 없다.' 면서 법원에서 수속을 밟아야 한다고 했다. 순간의 실수로 내 자신이 죄인이 된 기분이었다. 더욱 섭섭한 것은 상대방 고객은 소중하고 평소 거래하던 고객의 인권은 무시당하는 것 같아, 법 앞에서 약해지는 은행 직원을 다시금 생각하게 되었다.

하는 수 없이 법무사 사무소를 찾았다. '부당이득 환수금 반환청구' 를 법원에다 내고 나중에 법정에 출두하여야 하며 시간이 많이 걸린다고 했다. 법무관계 수임료가 오십만 원이나 되어 더욱 나를 더욱 놀라게 했다. 아무런 문제가 없을 때는 은행 직원들과 사이좋게 지냈지만 막상 이런 이권 문제가 생겼을 때는 법을 들먹이며 쉬운 해결법을 회피하는 것 같아 왠지 은행 근처로 가기가 싫어졌다.

2개월 후 법원의 판사 앞에 섰다. 통장 주인이 이민을 가서 힘들게 되었다고 했으나 우여곡절 끝에 삼사 개월이 지나 송금액을 찾았다. 수임료가 백만 원. 그 동안 4개월 동안 많은 공부를 했다.

이 사건을 당하고 나서 생각나는 것이 많았다. 평소 집안에서 누가 주방에서 그릇을 깨뜨리면 나는 곧잘 씻는데 집중하지 않아 그렇다고 잔소리했고, 운전 중에 앞차와 문제가 생기면 전방주시 소홀이라고 탓하기도 했으며, 애들이 시험을 잘못보아 실수하면 철저히 확인하지 안 했다고 야단쳤던 나 자신이 문득 떠올랐다.

또한 나 자신의 의식수준을 높여 보려고 명상 교실을 여기저기 나다녔는 자신이 부끄러웠다. 명상의 기본은 모든 것을 의식적으로 하는 것이었다. 걸을 때는 단지 걷기만 하고, 밥을 먹을 때는 밥맛에 집중하고, 얘기할 때는 오직 상대방을 주시하면서 이야기에만, 차 마실 때는 차 맛에만 열중하는 오직 하는 행위에 전적으로 집중해야 한다는 말을 수십 번 듣고 교육 받았지만, 막상 이런 사고를 당하고 보니 내 자신의 아는 것과 행동이 일치하지 못함을 깨닫게 되었다.

태국에 갔다 온 딸아이가 차에서 카메라를 잃어버렸다는 이야기, 집사람이 휴대폰을 택시에 두고 내린 사건에 있어서 '내릴 때 뒤를 확인하고 내려야지' 하는 말이 나의 목안에서만 맴돈다. 자식들 앞에서 교훈삼아 들으라고 나의 실수담을 얘기했더니 한 녀석이 '긴 번호의 계좌는 자주 쓰는 계좌에 입력해서 써야죠.' 하면서 점잖게 충고한다. 이 인터

넷 사고는 무의식적으로 한 나의 행위가 문제이고, 더 큰 문제는 평소 기계조작에 대한 나의 무관심이 더 큰 문제였다고 생각된다.

횡성 자작나무미술관

지은 대로 받기

우리는 사회생활을 하면서 여러 부류의 사람을 만난다. 어떤 경우 우리의 상식으로는 대화가 안 되는 사람을 만나게 된다. 이런 사람과 머리를 맞대고 같이 풀어야 할 문제가 생겼을 때 상당히 난감할 것이다. 일방적으로 자기주장만 하고 상대는 안중에도 없을 때는 차라리 양보하고 져주는 것이 마음이 더 편할 때도 있고, 그때는 패배자가 된 기분으로 마음이 언짢을 수 있다. 그러나 나중에 지나놓고 보면 내가 진 것만은 아닌 것 같다. 상대방이 어떤 법칙에 의해서 그에 상응한 대가를 지불해야 함을 어렴풋이나마 알게 되었다.

'90년 초 어떤 큰 병원 앞에 조그만 꽃집 하는 땅이 있었는데 마침 팔게 되었다. 매입자에게 3개월 뒤에 비워 주기로 했다. 그런데 꽃집 주인은 방 얻을 돈이 없다면서 나갈 수가 없다는 것이다. 그동안 수차례에 걸쳐 비워 줄 것을 사정했지만 돌아오는 말은 돈이 없어 못 나간다고 했다. 매입자도 답답했던지 계약 불이행 분에 대해서 손해배상을 청구한다는 내용증명을 두 번이나 보냈다. 나는 중간에서 샌드위치처럼 곤란하게 되었다.

평생 처음으로 이런 경우를 당하게 되어 나의 생각으로는 도저히 이해 못할 사건이었다. '그동안 꽃집을 운영한 수입으로 자식들 대학까지 보내면서도 나갈 때는 그대로 못 나겠다는 심보' 를 이해할 수 없었다. 주위 사람에게 물어보니 이사비용이라도 챙겨 가자는 심사라는 것이다. 법을 잘 아는 사람은 빈 땅이라도 함부로 남에게 빌려주지 않는다고 한다. 세를 받을 때 아예 나갈 때 이렇게 억지 부리는 것을 예견하여 집세를 쌓아 둔다고 했다. 나의 머리로는 도저히 풀 길이 없어 책을 뒤적이고 있었다. 그런데 갑자기 눈앞이 환해오는 글귀를 발견하게 되었다.

' 너희 형제가 배가 고파서 달라면 주라! 그러면 그 심정을 헤아리는 조물주께서 그 부족분을 채워 줄 것이다. 우리는 모두 한 가족이고 하나이다.'

결정을 못하고 방황할 때, 결심을 유도하는 이 한 마디는 나에게 천군만마처럼 큰 힘이 되었다. 그래서 2 년 동안 받은 세를 몽땅 들고 밤에 꽃집으로 향했다. 마침 대학생 딸과 부인이 같이 있었다.

“내가 단지 죄가 있다면 이 조그만 땅을 가진 죄인데, 그동안 6 개월 동안 무수히 사정을 해가면서 지금까지 오게 되었다. 지금까지 받은 집세는 여기에 있다. 부족하여 더 달라고 하면, 줄 수는 있겠지만 나도 사람이라 기분 좋게는 줄 수 없다. 그러나 이 돈은 땅 가진 자의 의리로 기쁜 마음으로 줄 수 있다.”

고 했다. 나의 단호한 모습을 보고 미안했는지 한 달 뒤에 비워주었다. 그 뒤에 들리는 소문에 의하면 그때 그렇게 나가서 일도 잘 안 풀리고, 얼마 안 있어 쉰 살도 안 된 사람이 중풍이 걸려 겨우 다리를 끌고 지나가는 것을 보았다고 한다. 인간사란 거의 대부분의 이권에 관련된 것이기 때문에, 저쪽에서 10을 달라면 5를 준다는 심정으로 나서게 되면 아주 쉽게 해결된다. 사업이 부도가 나서 보기 힘들었던 사장을 만났다. 파산까지 간 사람이 다시 재기한 것이다. 그동안의 사정을 물었더니 “십여 년 전에 부도내고, 돈을 떼어먹고 사라진 거래처가 있었는데, 그 젊은 사람이 딱하게 되었다는 소리를 듣고 여러 개의 공장 중에 괜찮은 곳을 맡겨서 다시 일어서게 되었다. 옛날 그 사람이 부도를 냈을

중도

때, 받을 금액이 꽤 많았으나 얼마나 힘들어 도망갔겠나 싶어 가만히 있었더니 그게 그렇게 고마웠다는 것이다."라고 말했다. 세상살이 참 이렇게 주고받는 재미있는 세상인 것 같다.

복잡한 사회생활을 하면서 일방적이고 부도덕한 사람을 만나더라도 그 사람과 똑같이 대할 필요는 없다. 뿌린 대로 거두고 지은 대로 받는다는 말이 있듯이 내가 참고, 양보하면 지금은 다소 피곤하더라도 나중에는 승자로 남을 수 있으며, 상대방의 허물은 우주 법칙이 바로 잡아 줄 것이기 때문이다.

영광스러운 유언

출생은 내 마음대로 할 수 없으나 죽음은 자기 임의대로 좀 할 수 있다고 생각하는 것 같다. 그래서 그런지 임종을 같이 하지 못하면 아주 큰 죄를 지은 것 같이 생각하는 경우가 많다. 그러나 일부 사람을 제외하고 평범한 사람들은 우리가 생각하는 것만큼 그렇게 영광스럽게 숨을 거두지 않는 다는 것이다.

집안의 할머니뻘 되시는 분이 돌아기시기 얼마 전에 딸에게 남긴 유언이

"○○ 조카한테 백만 원 빌려주었다. 꼭 받아라."

고 하여 평소 그 돈보다 정신적으로 잘 하려고 한 조카는 그 말 한 마디로 빚장이로 전락해버려 친척간의 정리가 소원해지는 것을 보았다. 할머니는 돌아가시면서까지 인간의 정리보다 돈을 더 중시했던 것 같다.

집안의 큰 어른이 지병으로 고생하다가 병원에 입원하여 방문하게 되었다. 말을 일체 못하면서 기운이 점점 쇠잔해지고 있었다. 우리가 온 것을 보고 한 마디 말을 하려고 하여 귀를 꼿꼿이 세워 들으려고 하니 아주 가는 목소리로

"의사에게 진통제 한 대 놔 달라고 해라."

는 이야기였다. 그렇게 자존심으로 뭉쳐진 어른으로 집안의 모든 궂은 일을 도맡아 하시고 항상 집안 조상에 대해서 떳떳이 자랑하시던 분이 마지막 유언이 진통제라서 엄청 충격을 받았다.

필자는 장남이라 부모님 두 분과 끝까지 같이 했다. 어머니는 노병으로 칠십이 넘어 한 오 년동안 누워 있다 돌아가셨다. 돌아가시 전 몇 년 동안은 어린애와 같이 목욕을 시켜드리고 밥을 입 안에 떠 넣기도 했다. 대소변을 어린애처럼 변기에 앉혀서 보게 했다. 창피한 줄을 모르고 순순히 자식의 말에 잘 따라 주었지만 그 좋던 언변과 총기는 어디로 가버렸는지 안타까웠다. 아버지도 임종 전 두 달 동안 집에서 모셨는데 신부전으로 복막투석을 하루에 네 번씩 했다. 그런 가운데 자식 간에 충분한 이야기를 나눌 수가 있었는데 당신 몸의 불편한 점이나 생리적인 욕구만을 애기할 뿐 기대하는 수준 높은 이야기를 한 적이 없었다.

명덕

전라도에서 선풍을 일으킨 유명한 스님이 앉아서 돌아갔다고 했다. 매스컴에선 대단한 분이라고 소개했다. 평소에 그 분을 잘 아는 사람을 만났는데 "스님은 평소 기관지천식으로 고생했다. 기침을 한 번 하면 줄 기침으로 고생했다."는 말을 하는 것이 아닌가. 사람이 천식이나 기관지염으로 고생할 때는 자다가도 일어나 기침을 하듯이 그 분도 호흡기질환으로 고생하면서 누워서 지내기는 답답하여 앉아서 돌아가시지 않았는가 하는 생각이 든다.

대학병원에 근무하는 의사들의 이야기를 들어보면 중환자실 바깥에는 저녁마다 소동이 벌어진다는 것이다. 임종에 가까워지는 어른이 수시로 마음이 바뀌어 상속 지분이 달라지다보니 매일 시끄럽다고 했다. 임종을 보기 전에 벌써 집안이 깨어졌다는 것이다. 이런 상황에서 무슨 보람 있는 유언을 기대할 수 있을까 싶다.

죽음이 그 인간의 끝인 동시에 또한 클라이맥스라는 말이 있다. 그러나 평범한 사람의 죽음은 우리가 생각하는 것만큼 영광스럽지 못하고 어떤 경우는 너무나 유치하여 실망하는 경우를 자주 보게 된다. 듣고 싶은 유언이 있다면 건강하고 정신이 맑을 때 이야기하도록 하고 상속과 관계되는 문제는 건강할 때 분명히 해 두어야 할 것이다. 그래서 임종을 중시하여 기다리기보다 조금이라도 건강하고 정신이 밝을 때 한 마디 말이라도 더 들어보려고 노력하여 어른의 뜻이 어떠한지를 가슴에 새기도록 하는 것이 더 보람 있는 일이라 생각된다.

가까이 하고 싶은 사람

기다림

가까이 하고 싶은 사람

많은 사람 중에 가까이 하고 싶은 사람이 있다. 생면부지인데도 그런 사람이 있을 것이다. 반대로 아무 이유 없이 싫어지는 사람 또한 있다. 인간은 나이가 들면 내면의 모든 것이 바깥으로 드러난다고 한다. 아마도 가까이 하고 싶은 사람은 우리에게 밝고 긍정적인 에너지를 주는 사람일 것이고 싫어지는 사람은 아마도 그 반대일 것이다.

외로운 친구가 한 사람 있다. 이 사람과 대화를 해보면 처음부터 답답해진다. 오래간만에 만나면 '너 얼굴이 왜 그리 안 좋니' '건강이 안 좋아 보이는데' 하는 기분 나쁜 이야기로 시작하기 때문이다. 친구들과 교류하다가 오해가 생겨, 자기와 뜻이 안 맞으면 그것으로 인간관계를 끝내 버린다. 모든 것을 부정적으로 보고 자기 자존심과 결부하여 생각하는 것이다. 모임에서 혼자서 쓸쓸히 앉아있는 뒷모습이 갈수록 측은해 보인다.

이와 반대로 친구가 많기로 소문난 사람이 있다. 이 친구와 전화를 해보면 주로 상대방 이야기를 들어주는 편이다. 처음부터 '오냐! 오냐!' 로 시작된다. 그러다가 상대의 의견에 '그래! 그래!' 하면서 대부분 동조하는 추임새를 곧잘 넣어 상대방을 편안하게 해준다. 동기회장이 바뀌면 자기가 먼저 '내가 도와 줄 테니 한 가지 임무를 달라' 면서 자청해 나선다. 이 친구가 동기회장 재임 시 대부분의 회원의 사업장이나 집을 찾아 가는 열성을 보였다. 그래서 동기회가 역대 가장 활발하게 운영된 적이 있다.

사업에 성공한 사람과 이야기를 나누게 되었다. 이야기하는 도중 계속 나의 눈을 주시하면서 귀를 쫑긋 세워 한 마디도 빠뜨리지 않으려고 했다. 대화하는 도중에 계속 고개를 끄덕이며 '예! 예!' 하는 것이었다. 이렇게 전적으로 상대방에게 집중하는 사람을 처음 보았다. 사업할 때도 이렇게 손님들을 대한다면 누구나 단골손님이 되지 않을 수 없다는 생각이 들었다.

영천의 유명한 사찰에 큰 스님이 있다고 해서 만나러 갔다. 십여 분 될까 말까한 짧은 시간이었는데도 왜 그리 길게 느껴졌는지 모른다. 마음 아픈 사람들을 위로해주고 보들어 줄 것을 잔뜩 기대하고 갔다. 그런데 그 스님은 너무나 근엄하게 앉아 있기만 하여, 차마 이야기 한 마디 붙이지도 못하고 돌아온 적이 있다.

제자와 스승이 이런 말을 주고받았다.

"사람의 수준을 쉽게 알아볼 수 있는 방법이 있습니까?"

"멀리 있어도 그 사람 옆에 가고 싶은 사람이면 그런대로 된 사람이다."

라는 이야기가 있다. 거대한 에너지를 소유한 성현이 지나가면 십리 밖의 꽃과 식물들이 춤을 춘다고 한다. 실제로 성화나 불화에서 이것을 잘 나타내고 있음을 볼 수 있다.

사람이 성숙하면 어린이 같은 노인이 된다고 한다. 어떤 장난도 받아주고 누구하고도 덩실덩실 춤을 출 수가 있다고 한다. 내가 누군데 하는 자만심이 없어서 그럴 것이다. '내' 가 없으니 세상과 하나 되어 때에 따라 어린이가, 어른이, 노인이 될 수 있을 것이다. 언젠가는 나도 그런 노인으로 늙어갈 것임을 내심으로 기대해본다.

인간에 대한 기대

매스컴에 매일 등장하는 기사가 있다. 살인, 유괴, 성폭행, 흉악범. 아들 둘을 두었을 때는 이런 것에 별로 관심을 두지 않았다. 그러나 딸이 생기고 나서는 생각이 조금 달라졌다. 그런 기사를 딸과 같이 보고 나서는 해주는 이야기가 있다.

"막다른 어두운 골목에서 누가 너를 궁지로 몰아넣었을 때, 설령 악한일지라도 선불리 그를 흉악범으로 단정하지 마라."는 이야기를 자주 해주었다. 아무리 양심이 없는 사람이라도 인간의 탈을 썼다면 아무런 대항을 하지 않는 웃는 어린이에게까지 감히 칼을 겨누지는 못할 것이란 기대를 가지고 있었기 때문이다.

유럽의 한 동물학자가 아프리카에서 어미 잃은 수사자와 딸을 한 집에서 키웠다. 둘은 친구처럼 장난치면서 놀면서 점점 자라났다. 서너 살이 되니 사자는 황소처럼 커졌다. 그러나 장난은 옛날과 똑같이 소녀는 사자 목에 매달리고, 등에 올라타서 엉덩이를 치기도 하고 어떨 때는 사자 빰을 때리기도 하면서 주먹을 사자 입에 넣기도 하였다. 이것을 본 어른들은 혼비백산하였다. 소녀의 무의식에는 어른들이 흔히 생각하는 사람을 잡아먹는 사자가 아니라 어릴 때부터 같이 놀던 강아지 같은 친구로 생각하고 있었을 것이다.

숲이 무성한 시골집에서 갓 걷기 시작한 돌 지난 아이가 마당에서 아장아장 걸으면서 놀다가 뱀을 만났다. 평생 처음으로 뱀을 본 아기는 가지고 놀던 장남감과 같은 것으로 여기고 장난감 만지듯 꼬리를 쓰다듬기도 하고, 몸체를 살짝 잡기도 하면서 놀고 있었다. 이때 부엌에서 바깥의 이 광경을 본 엄마는 화들짝 놀라서 자기도 모르게 소리를 질렀다.

'야! ㅇㅇ아!!' 하고 위험을 예고하는 절규를 부르짖었을 때, 아기는 뱀에게 물리게 되었다. 엄마의 그 절규에 아기는 '뱀은 사람을 해치는 해꼬지 하는 동물' 로 인식하는 순간 뱀이 문 것이다. 뱀에 대해서 아무런 생각 없는 아이가 뱀은 사람을 해칠 수 있는 사악한 동물로 인식한 순간 사건이 발생한 것이다.

나는 1960년대 후반 고등학교 3학년 때, 학교 도서관에서 책가방을 통째로 도둑맞은 적이 있다. 나중 범인을 잡고 보니 한 해 후배 학생이었다. 아버지가 일류고등학교 교장으로 있다가 갑자기 돌아가셔 잡비가 궁해 사고를 낸 모양이었다. 성적을 알아보니 하위 군을 맴돌다가 어떨 때는 십위권 안에 들기도 했다. 학생을 만나 학교에 알리겠다고 하니 두 손을 빌면서 용서를 구했다. 일단은 집행유예 시켜주되, 머리가 좋으니 결심과 의지를 보겠다고 하면서 학기 말 성적을 보고 다시 법을 집행하는 것으로 하고 헤어졌다.

그 뒤 나는 졸업반이라 정신이 없을 때에 누가 찾아 왔다고 하여 나가보니, 그 후배가 서 있는 것이 아닌가. 나에게 성적표를 불쑥 내어 밀었다. 거기엔 60 명 중에 5등이란 글자가 똑똑히 내 눈에 들어왔다. 나는 후배의 손을 꼭 잡고 등을 두드려 주면서 헤어졌다. 어두운 과거를 감춰주기 위해 지금까지 그 후배의 이름을 잊으려고 했다.

아무리 악한 사람이라도 최소한의 양심을 가지고 있을 것으로 생각한다. 문제가 많은 사람이라도 믿어주고 관심을 주어 훌륭하게 바뀐 사람을 우리는 수없이 보아 왔다. 그래서 내가 어떻게 생각하느냐에 따라 사자가 강아지로 될 수도 있고, 또한 강아지가 사자로 될 수도 있을 것이다. 그래도 세상이 하도 험악해져 스무 살을 갓 넘긴 딸이 빨리 귀가하지 않으면 걱정이 앞서는 것은 지나친 기우일까.

(조고) 각하

너무 가까워 볼 수 없는

너무나 가까이 있으면 잘 볼 수가 없다. 인간의 관계도 너무 가까운 사이에서는 그 소중함을 모르는 수가 많다. 특히 상대방이 무능력할 때는 더욱 그렇다. 그러나 시간이 지나고 보면 그저 지켜봐주고 기다려 주는 것이 열심히 일한 만큼 값진 것이라는 것을 알게 된다.

동네에 형뻘되는 부부가 있었다. 가난한데다 서로 개성이 너무 강해 부부싸움이 끊어질 날이 없었다. 시장에서 채소 장사로 생활을 꾸려나가다가 어느 날 남편이 계단에서 굴러 떨어져 오십대 초반에 뇌진탕으로 갑자기 세상을 떠나게 되었다. 홀로된 부인을 그 얼마 뒤에 만났다. 평소 싸움을 하도 자주해서 한편으로 시원할 것을 생각하고 근황을 물었더니 한숨을 쉬면서 하는 말이 "남편 그늘이 그렇게 클 줄을 몰랐다."고 했다. 남편과 사별한 뒤 너무 허전하여 살

무아

의욕을 잃어버렸다고 했다. 그러면서 자기 집안에 병석에 누워있는 조카를 부러워했다. 그 조카도 비오는 날 뇌를 다쳐, 겨우 생명을 건졌지만 십 년째 집에서 대소변을 받아내고 있다고 했다. 그래도 '살아 있으니 얼마나 든든하냐'면서 조카 부인을 부러워하고 있었다.

어릴 때 할아버지뻘 되는 외가댁에 자주 놀러 갔다. 내외 두 분이 우리한테는 그렇게 친절하면서도 돌아서면 매일 싸움하는 듯했다. 할아버지가 술을 좋아해서 식사 시 반주로 농주 한 잔을 청하면 어린애를 나무라듯 잔소리하면서 억지로 술을 가져왔다. 힘이 좋은 할머니가 농사일을 주로 하였고 몸이 약한 할아버지는 육십도 안 되어 중풍으로 세상을 떠났다. 어느 추석날 집안 산소에서 할머니를 만났는데 할아버지 묘 앞에서 하염없이 울고 있는 것이 아닌가. 생전에 두 분의 사이를 잘 알고 있는 나로서는 그 상황을 이해할 수 없었다. 생전에 영감님께 살갑게 대하지 못함을 후회하고 있었는지 모르겠다.

팔십대 후반의 단골 할아버지가 오래간만에 진료실을 찾았다. 삼십 년 동안 중풍으로 누워있던 부인을 몇 달 전에 잃었다고 했다. 그 일전에 가끔 만나게 되면 수십 년 동안 간병을 해오면서 피로한 내색을 종종 비추었다. '누워서 고생을 하는 것보다 딴 세상으로 조용히 떠나는 것이 부인한테 더 좋지 않겠냐.' 하는 말까지 나에게 말한 적이 있었다. 그런데 부인이 돌아가고 나서는 신수도 더 안 좋아져, 몇 년이 더 늙어 보였다. 그러면서 그 동안의 심정을 털어 놓았다. 생전 모임에서 늦게 돌아오면 다소 컴컴한 집일지라도 안방에서 누워 가느다란 목소리로

"이제 오십니까, 식사는 하셨습니까?"

라고 말을 걸어 왔다는 것이다. 그런데 지금은 아무도 없는 집에 들어가려면 너무나 허전하다고 했다. 비록 환자라 아무런 도움을 못 줄지라도, 그저 누워 있었던 그 때가 그립다고 했다. 누워 있었더라도 부인이 집을 지켜 주었기 때문에 자기가 밖에서 더 열심히 뛰게 되었다는 것이다. 자신이 잘 나서 부인의 생명을 연명시켰다고 자랑했는 자기가 원망스럽다고 했다.

우리는 무능력하고, 사람 구실을 못하면 무시하기 쉽다. 그러나 누군가가 기다려주고 지켜봐 주었기 때문에 자신이 존재하는 줄 모른다. 어린 자식의 웃음이 부모에게 크나 큰 힘이 되듯이 어떤 상황에 처해 있더라도 다른 사람에게 작은 힘이나마 줄 수 있다면 충분히 존재 값어치가 있다고 생각된다.

수확의 기쁨

한 줄의 글

사람이 살다 보면 어디로 가야 할지 방향을 잡지 못할 때가 있다. 그 때는 스승과 같은 사람을 만나는 것이 큰 도움이 될 것이다. 그러나 우리 주위엔 그런 사람을 만나기란 쉽지 않다. 그 때는 좋은 책을 만나는 것이 사람 만나는 것 못지않을 수 있다. 갈 길을 잃고 절벽을 헤맬 때 그 사람에게 꼭 필요한 한 줄의 글은 훌륭한 스승 이상으로 도움을 줄 수 있기 때문이다.

고등학교를 졸업하고 재수생 시절 꿈과 이상은 높고, 성적은 뜻대로 나오지 않아 심신이 극도로 허약해져 있었다. 신경과 질환까지 생겨서 세상을 비관하며 불안과 절망 속에서 허우적거리고 있었다. 병원에 가도 별다른 치료법이 없어 정신과 약만 잔뜩 먹고 잠만 줄곧 자면서 하루하루를 보내고 있었다. 딱히 주위에 상담이나 조언해 줄 수 있는 사람이 없어 한참동안 터널 속에서 빠져 나오지 못하고 있었다.

그때 우연히 친구 집에서 주역이란 책을 보게 되었다. 책장을 넘기다가 한 줄의 문장이 나의 눈을 멈추게 했다.

'빗방울이 산에서 떨어져 그대로 강으로 흘러가는 것이 아니다. 산의 계곡을 타고 흘러 내려 가다가 호수에 갇혀 몇 달을, 어떨 때는 몇 년을 기다릴 때도 있다. 그러다가 비가 와서 둑이 넘치게 되면 조금씩 움직이기 시작한다. 내려가면서 절벽에서 수직으로 떨어지는 고통을 감수해야 하고, 휘굽어 있는 협곡의 바위에 부딪치며 그 아픔을 견디면서 작은 강에 이르게 된다. 강을 따라 유유히 가다보면 언젠가는 대망의 바다를 만나게 된다.'

또 '한 해의 시작은 동지이다. 동지는 봄보다 서너 달 먼저지만, 동지가 되면 바깥은 엄동설한이지만 땅속에서는 벌써 봄의 기운이 시작된다. 우리가 보는 봄의 전령사 진달래나 목련은 봄에 핀 것이 아니라 벌써 동지 그 전부터 피우기 시작했다.' 는 것이다.

이것을 읽고 엄청난 충격을 받았다. 중,고등학교에서 국영수 중심으로 공부만 했던 나로서는 인생이나 자연철학에 대해서 너무나 모르고 있었다. 재수와 삼수생을 거치면서 미래가 불안하여 안절부절못하던 차, 주역은 나의 사고의 틀을 완전히 바꾸어 놓았다. 그 때부터 나의 삶은 조금씩 달라졌다. 봄에 필 그 꽃을 위해서 지금은 열심히 준비하고 마음을 다잡아야 함을 어렴풋이나마 알게 되고, 부정적인 인생관에서 긍정적인 것으로 바뀌게 되었다. 비록 지금 아무것도 이룬 것 없지만 언젠가는 당당한 미래의 주역이 될 수 있는 희망을 가질 수 있게 되었다. 그래서 그 책은 나의 방황을 단번에 끝내 주었고, 그 당시엔 나의 구세주와 다름 없다고 생각한다.

훌륭한 사람을 만나는 것은 우리 운명을 바꿀 수 있다. 또한 좋은 책을 만나는 것도 그에 못지않다. 수천 년이 지나도 고전은 지금도 생생하게 우리의 영혼을 이끌어주고 많은 희망을 주고 있지 않는가. 인간이 사면초가에 처해 생명의 위험을 느낄 때, 한 줄의 글이 생명을 구할 수 있다면 그보다 더 큰 보람은 없을 것이다. 오늘도 나는 언젠가는 그런 한 줄의 글을 남길 수 있을까를 꿈꾸며 살아가고 있다.

개망초 사랑

이렇게 잘 생긴 사람이

아무것도 부족함이 없어 보이는 사람이 무기력하게 살아가는 것을 우리 주위에서 자주 보게 된다. 더 심한 경우는 자기를 너무 비하하여 인간이하의 삶을 살아갈 때는 보기가 더욱 답답해진다. 또한 사회적인 직위를 가지고 있음에도 그 직위에 걸맞지 않게 행동할 때도 우리를 실망시키는 경우가 많다. 이런 사람들에겐 자기 안에 잠재된 능력을 잠시나마 일깨워 줄 수 있다면 그 사람들에게 유익할 것이란 생각으로 나는 그동안 무조건적인 동정보다는 가끔 냉정하게 대하며 살아 왔다.

1980년대 초 나는 예와 같이 직장에 출근하였는데 대기실에 잘 생긴 30대 장정 둘이가 버티고 앉아 있었다. 간호사는 나를 보더니 구세주를 만난 듯 나에게 급히 다가와서 귓속말로 이야기했다. 아침부터 대뜸 '집에 갈 차비가 없으니 돈 만원을 달라' 는 것이라고 했다. 알고 보니 만평로타리의 새벽 인력시장의 사람들이었다. 새벽 네시에 집을 나와 일자리를 구했는데 오늘은 자기가 선택되지 않아 홧김에 해장주를 한 잔 하여 얼굴이 벌겋게 되어 몇 푼 구걸하려고 왔던 모양이다. 그래서 내가

"잘 생기셨고 앞날이 창창한 분들께서 이 무슨 일이냐?"

하는 충고조로 말을 시작했다. 30분 이상을 달래고, 어루고 다소 협박적인 이야기도 했지만 막무가내였다. 무조건 돈이 있어야 갈 수 있다는 것이다. 한참동안 이야기를 하고 나니 오전 진료했을 때보다 더 피로했다. 그러나 쌀쌀하게 대하기 위해서 금전은 주지 않았다. 그 뒤로도 몇 번이나 같은 일이 벌어지다가 얼마 뒤엔 자취를 감추었다. 아마도 소문이 났는 모양이다. 돈은 빨리 안 주고 지루하게 충고만 하는 곳이라고.

80년대 해인사 가는 길목의 배롱나무 꽃을 감상하며 신나게 시골길을 가고 있었다. 갑자기 커브길이 있어 속도를 줄이면서 모퉁이를 돌아서니 교통순경이 레이저 총으로 속도를 측정하고 씩 웃으면서 차 앞으로 다가오는 것이 아닌가. 굽은 길이라 나도 다소 놀랐는데 속도위반으로 면허증을 보자고 했다. 나도 모르게 대뜸

"시민의 파수군이 이런 위험한 곳에서 사전 지도는 안하고 속도위반만 잡으면 되느냐?"
면서 수십 분 실랑이를 했다. 나중엔 모범경찰에 대한 나의 기대치에 못 미쳐 미안했던지 빨리 가라고 손짓하였다.

또 한 번은 집 앞 사거리에서 유-턴을 하는데 갑자기 순경이 골목에서 튀어 나왔다. 중앙선 침범이라고 했다. 지도계몽해야 할 민주경찰이 이렇게 숨어서 함정단속이나 하면 되겠느냐면서 한참동안 다투었다. 그러다가 나의 신분을 알게된 뒤에는 고의적으로 위반을 하실 분이 아니라고 하면 웃으면서 헤어진 적이 있다.

근래 다른 곳으로 이전 개원하게 되어 집사람이 접수부일을 잠시 보게 되었는데 놀라서 진료실에 뛰어 들어왔다. 개원 술값을 내어 놓으라고 협박을 해서 삼만 원을 주었는데도 더 달라고 떼를 쓴다는 것이다. 화가 나서 밖으로 나갔다. 자기들이 전과자라고 자처하는 사나이 셋이 시커먼 옷에다가 모자를 눌러쓴 채 나를 째려보고 있었다. 병원 바깥으로 나오라고 하니 무슨 큰 기대를 했는지 따라 나왔다. 골목에 세워 놓고 "이렇게 잘 생긴 얼굴에 그만하면 갈 일이지 이것 도대체 무슨 짓이요"고 소리치니 나의 사기에 눌렀는지 그렇잖으면 잘 생겼다는 나의 말에 조금 미안했던지 눈앞에서 멀리 사라졌다.

삼십 년 전에는 구걸하러 온 젊은 사람에게는 젊다는 것을, 잘 생겼으면 잘남에 대해서 이야기했다. 경찰이 기대하는 것과 조금 어긋나면 내가 생각하는 민주경찰상에 대해서 한참동안 이야기했다. 그렇게 하다보면 서로가 인간적으로 통해서 사과도 하고, 봐주기도 하면서 어떤 경우는 친구가 되는 수도 있었다.

그러나 지금은 그렇게 하지 않는다. 누가 손을 벌리면 몇 푼 주어 빨리 보내는 것이 상책이라고 하고 교통위반을 하게 되면 처음엔 핑계를 대다가 그것이 안 되면 제일 작은 벌금형으로 끊어달라고 한다. 이제는 인간에 대해 기대하는 바가 없다. 기대치가 없으니 다툼도 없다. 그저 돈 몇 푼 주고, 벌금 얼마로 모든 것을 처리하려고 한다. 비록 싸워가면서 가는 길이 조금 지체되었어도 한 인간으로 대했고, 이야기한 그때의 그 상황이 불현듯 그리워진다.

끝을 보면 그 인격을 알 수 있다

근래 신문에서 재취업하려는 사람을 평가하는 회사가 소개되었다. 전에 근무한 회사의 동료나 상사들과 인터뷰하여 그 사람의 근무태도나 인간관계를 조사하여 재취업의 잣대로 삼는다는데, 호응도가 상당히 좋다고 한다. 나도 한때 사람 때문에 속을 많이 상한 적이 있었다. 친절과 서비스가 생명인 병원을 운영하면서 갑자기 출근하지 않는 어처구니없는 일을 당하고 보니, 퇴직하면서 어떻게 끝맺음을 했는가를 그 사람의 재취업의 척도로 삼는 것은 충분한 가치가 있다는 생각이 든다.

몇 년 전 40대 노총각이 치료실에 근무하게 되었다. 7,8개월 그런대로 근무 잘하다가 갑자기 행방불명이 되었다. 수소문하여 보니 어떤 부인과 동거하고 있었다. 그러면서 치료실에 근무할 딴 사람을 구하라는 것이다. 치료사로서 너무나 무책임한 행동에 정말 황당했다.

또 한 경우는 물리치료실에 근무할 사람을 웃돈을 주면서까지 초빙하였는데, 6개월도 안 되어 개업하는 다른 병원으로 간다는 것이다. 나중 들리는 바에 의하면 봉급이 2,30만 원 더 많다는 것이었다. 그 뒤 1년도 안 되어 찾아왔다. 그 직장에서 나와 보건소에 취업하려는데, 전에 근무한 6개월을 1년으로 늘려서 재직증명서를 해달라기에 하도 딱해, 그대로 써준 적이 있다.

더욱 가관인 경우는 공무원으로 근무하다 나이 50에 명퇴하여, 2년 이상 잘 근무하고 있던 중, 근무자세가 다소 불성실하다는 나의 말 한 마디에, 그 다음 날로 자기 고향으로 가버린 것이다. 한 달 뒤 멋쩍게 나타나서 실업수당을 받을 수 있도록 서류에 사인 좀 해 달라는 것이다. 그때 따끔하게 "이보게, 어찌 헤어지면 모든 것이 다 끝난다고 생각하는가? 이 좁은 바닥에서 돌아서면 만나고, 한 사람 건너면 다 알게 되는데, 나중에 내 만나게 되면 반대방향으로 피해 다니겠는가? 어찌 그리 좁게 사는가?" 하고 한 마디 해준 적이 있다.

한 직장에서 한 솥밥을 먹고, 공동생활을 하다가 헤어질 때는 너무나 섭섭하게 헤어지는 것이다. 물론 그 동안 직장

성하의 계곡

에서 말 못할 사연이 한두 가지가 아니겠지만, 돌아서는 그 매정한 세태에 사람의 맥을 빠지게 한다. 그래서 근래에는 신입사원이 들어오면 항상 하는 '오늘 이렇게 웃는 낯으로 시작했듯이, 우리가 헤어질 때도 웃으며 헤어지도록 서로 노력합시다.' 라고 말한다.

여기서 끝남은 끝만이 아니다. 다른 곳에서는 다시 시작이 될 수 있는 것이다. 여기는 지옥이라 빨리 끝내고, 천국인 저쪽을 그리워하는 것은 너무나도 세상을 잘 모르는 것이다. 환경이 아무리 바뀌어도 나라는 존재는 똑같은 사람인데, 내면의 아무런 변화 없이 어찌 환상의 신기루인 그런 천국이 열릴 수 있겠는가.

시작과 끝은 둥근 원처럼 서로 맞물려 있어, 끝이 시작이고 시작이 끝인 것이다. 시작이 좋으면 끝도 좋을 수 있듯이, 끝이 좋으면 시작도 좋을 수 있는 것이다.

한 사람이 전에 근무한 직장에서 성실하게 끝맺음은 재취업에 좋은 기회가 주어진다고 하듯, 우리도 재취업과 미래를 위해 지금 여기서 최선을 다하여 멋진 마무리를 짓도록 해야겠다는 생각이 든다. 여기서 끝은 저기서 시작이기 때문이다.

평생 보장 보험

십 년 전 어느 초저녁이었다. 바깥에서 사이렌소리가 요란하게 들려왔다. 집근처라 궁금하여 도로변으로 나가보니 우리 건물 앞에 소방차가 즐비하게 서있는 것이 아닌가. 아무도 없는 건물의 이층에서 검은 연기가 물씬 나와 지나가는 사람이 신고를 한 모양이다. 소방대원이 이층에다 사다리를 놓고 눈깜짝할사이에 창문을 깨고 물 호스를 건물 안에 넣었다. 오 분도 안 되어 물 폭탄은 끝이 났다. 건물주인인 나는 지나가는 과객처럼 물끄러미 보고만 있었다. 소방대 책임자가 나를 보고 주인이냐고 묻을 때 그때서야 정신이 좀 돌아왔다. 나는 도저히 이해할 수 없었다. 아무도 없는 건물에서 어떻게 불이 난단 말인가. 소방대원은 근래 안 좋게 헤어진 사람이 없느냐고 질문했다. 없다고 하니 화재 원인은 간판으로 가는 전선에 과부하가 걸려서 접촉 불량으로 인한 화재라고 했다. 오래된 건물의 전선들이 시간이 지나면 접속부위가 느슨해지므로 계속 조아주어야 함을 나중에 알게 되었다. 그래서 조금 큰 공장에서는 전기관리사가 상주하여 전선과 전기시설을 관리하여 화재를 예방하고 있다고 한다.

물이 한번 지나간 기계들과 컴퓨터 기기들은 쓰지 못하게 되어 재산상 손실이 컸다. 걱정해주는 사람들은 이구동성으로 화재보험을 들어놓지 않았는 것에 대해서 모두 안타까워했다. 나도 그 당시에는 보험 하나 가입하지 않았는 것이 조금은 후회가 되었다.

하루 이틀 치료한 젊은 환자들이 영수증을 떼어간다. 상해니 자손보험이라고 해서 아주 작은 보상도 나중 경제적으로 도움이 된다고 한다. 그런데 어떤 사람은 같은 영수증을 여러 개 달라고 할 때는 짜증이 난다. 보상 받을 수 있는 여러 곳에 준비를 단단히 해두었던 것이다.

집사람이 걱정이 태산이다. 서민이 직장에서 퇴직할 즈음에 7,8억이 있어야 노후가 여유 있다고 보험회사들이 하더라고 하면서 다소 미래를 불안하게 보고 있다. 자식들 공부시키고, 결혼시키고 나서 서민으로서 그 정도의 현금재산을 가진 사람이 얼마나 될지 모르겠지만 그 이야기에 서민들은 허탈해진다.

나는 젊었을 때부터 보험회사 직원들로부터 환영을 받지 못했다. 보험에 대해서 부정적인 생각을 가지고 있었기 때문이다. 우리 삶 자체가 다소 불안하고, 미래는 알 수 없는 신비의 영역인데 그 불안을 이용하여 하는 사업이라고 생각했기 때문이다. 지금 사람들은 교육, 생명, 상해, 평생, 노후보험 등등을 들어 놓으면 준비가 다 된 것으로 생각하고 살아가는 것 같다. 언제든지 약간의 보험금이 나와 다소의 도움이 될지 모르지만 그것이 근본적인 대책이 될 수 있을까에 대해서는 의문이 든다.

나는 화재를 당하고 나서 엄청나게 손해를 보았다. 그것을 복구하기 위해서 5년 이상을 고생했다. 그러나 그 사건 뒤로는 앞차의 화물차가 무심코 던지는 담배 불을 예사로 보지 않게 되었다. 집을 나설 때는 전기나 가스의 밸브를 습관적으로 잠근다. 그리고 전선이 만나는 접합부위는 드라이버로 자주 조우는 습관을 가지게 되었다. 그러나 이러한 물질적인 것보다 인생과 정신적인 것에 대해서 더 많은 것을 배우게 되었다. '눈에 보이는 재물이나 건물은 영원하지 못하다는 것.' '하루아침에 빈털털이가 될 수 있다는 것.' 재해는 곪아서 한꺼번에 터지는 것을 경험했다. 실상 화재발생 이전에 집안적으로나 의료 환경적으로 여러 가지의 문제가 연달아 터지고 있었던 것이다. 그래서 재해는 언제 어디서 날지 모르기 때문에 항상 조심하고, 준비하고 도둑을 지키는 사람같이 깨어 있어야 조금이라도 적게 손해를 입음을 알게 되었다.

모래 위에 지은 성과 같이 언제든지 파도가 쓸어가 버릴지 모르는 것이 우리 삶이지 싶다. 그런데 단지 어떤 틀에 박힌 규격화한 보험 같은 것으로 그 복잡한 인생을 다 보장받는 것으로 생각한다면 큰 착각이 아닐까. 어떤 파도가 밀어 닥쳐 지어놓은 모래집이 무너지더라도 다시 일어나서 더 견고하게 지을 수 있는 용기와 의지가 어떤 보험보다도 먼저 아닐까.

지금 여기 천국

봉화의 겨울

산의 애물단지

부모님 두 분 다 외동과 다름없다 보니 친척이 별로 없었다. 명절 날 옆집에선 시장같이 북적되었지만 우리 집은 너무나 조용했다. 특히 가을 묘사 때 하얀 두루마기를 입고 줄지어 등짐을 지고 산에 오르는 모습이 너무나 부러웠다. 할아버지, 증조할아버지는 화장하여 묘가 없었기 때문이었다.

철이 들어 친척을 찾아보니 4대조, 5대조를 모시는 집안을 찾게 되었다. 서로가 너무 멀리 있었고 살기가 바빠서 그 동안 내왕이 없었던 것이다. 다들 모일 수 있는 묘사 날에는 집안 소풍을 겸해 매년 모였다. 그런데 4대조 산소 밑에 풀이 자욱한 묵힌 묘가 있었다. 알고보니 4대 작은할아버지 묘라고 했다. 직계 자손들이 멀리 가 있고, 사는 것이 다소 힘들었다. 그런데 친척들이 하는 말들을 가만히 들어

보니 사정 때문에 참석 못한 그 후손들을 비방하고 있었다.

십여 년 전 부모님이 다 돌아가셨다. 화장하려고 하다가 그래도 형제들이 모일 수 있는 기회를 만들려고 고향 근처에 산소를 잡았다. 화장하여 단지에 묻고 국립묘지처럼 그 앞에 조그만 상석을 두고 비석을 세웠다. 그런데 시간이 지나고 보니 생각대로 간단한 것이 아니었다. 길에서 이삼백 미터 들어가다 보니 그 사이가 억새와 잡목들로 꽉 우거져 벌초하는 데 엄청난 수고를 해야 했다. 내 딴에는 최선을 다했다고 생각했는데, 좋지 못한 이야기가 들려오고 있었다. 집안 동기 중 손위 되는 사람이 벌초 해놓은 것이 자기 마음에 들지 않는다는 것이다. 관리의 최소화를 위해서 제일 작은 규모로 했는데도 관리 문제로 벌써 이런 이야기를 주고받는데, 나중 손아래 사람이 한다고 하면 어떤 소리가 나올지 벌써 걱정이 된다. 우애를 위한다고 했던 것이 나중에 후손들의 싸움이 될 것이란 생각이 들었다.

장가를 가서 처갓집에 가게 되었는데 장인이 조상들의 묘를 이장한다며 온 집안 친척을 모아 큰 공사를 진두지휘하고, 자신이 들어갈 자리까지 마련하였다.

수십 년 후 장인이 지병으로 돌아갈 즈음에 자신은 화장을 원했지만 뜻대로 하지 못하고 자기 묘로 들어가게 되었다. 며칠 전에 모든 산소를 화장하여 납골당을 만든다고 공사를 벌였다는 소식을 전해 들었다.

팔공산 건너편으로 등산을 갔다가 놀란 적이 있다. 한국 전통불교를 대표한다는 사찰에서 산의 경관과 어울리지 않게 납골당을 지어 놓은 것이 아닌가. 사찰 명칭도 종정하시던 분의 호라는 말을 듣고 더 큰 충격을 받았다.

현대 사람들이 정신적으로 방황하는 시대에 명상센터나 정신문화 수련장을 만들어 많은 사람들의 아픈 마음과 영혼을 어루만져 준다면 세계적인 명소가 될 텐데. 기대한 바와 너무나 거리가 멀어 마음이 편하지 않았다.

우리 집안에도 조상들의 묘에 표식도 남기고, 제를 올릴 때 편하도록 상석 공사를 하였다. 그러나 시대가 바뀌어 젊은 사람들의 참석이 쉽지 않을 것이란 생각에 결국 화장하여 납골당이나 수목장으로 바꾸어야 한다고 다들 이야기하고 있다. 그러나 산과 어울리지 않는 그 많은 상석들을 어디로 버려야 할지 벌써 걱정이 앞선다.

할아버지는 당신의 흔적을 철저히 없애고 돌아가셨다. 철이 없을 때는 조상들의 묘가 없음을 섭섭하게 생각했다. 그러나 할아버지께서는 현재 부르짖고 있는 자연환경 운동을 백 년 전에 벌써 몸소 실천하신 것 같다. 산에서 벌이는 어떠한 선한 행동도 자연으로서는 파괴 행위가 되고, 작은 형체라도 남겨 놓으면 관리 문제로 후손들의 사이가 멀어질 수 있기 때문이다.

자고 나면 낫는다

상락

자고 나면 낫는다

'자고 나면 낫는다' 란 말은 한 때 나의 별명이었다. 집안 식구들이 나에게 붙여 준 것이다. 몸살이나 감기로 열이 나고 온몸이 아픈 것은 치유과정에서 나타나는 일시적인 증상인데, 이것에 대해서 너무 호들갑을 떨어서 한 말이 별명이 되었던 것이다. 인간이 성장해 가는 과정에서도 이와 같은 유사한 경우를 많이 볼 수 있다. 예를 들면 소아 말더듬증이나 틱 같은 증상은 성장해가는 과정에서 흔히 볼 수 있는 자연스러운 증상들인데, 사람들이 너무 과잉으로 대하다 보니 병을 만든다는 것이다.

필자는 청소년기에 언어장애로 고통을 크게 받았다. 초등학교 시절의 국어 시간은 낭독하라는 지시를 받을까 봐 공포의 시간이었고, 집에 와서 더 무서운 일은 어머님의 심부름이었다. 가게에 가서 무엇을 사오라고 하면 십 분 이상

가게 앞에서 서성거리다가 누가 먼저 들어가 주인과 말을 할 때, 손짓 발짓으로 말할 시간을 벌려는 속셈으로 그 뒤에 들어가는 것이었다. 나이가 들어서도 발음하기 힘든 단어를 피하다보니 많은 오해를 사기도 했다. 그래서 자식들에게 제일 큰 소원이라면 대통령이 되는 것보다 말더듬증이 없는 사람이길 한 때는 원한 적이 있다. 아버님은 교육자로 다소 엄하고 말이 없어서 자상한 대화를 나눈 적이 별로 없었다. 지금 생각해보면 그런 분이 아니었는데도 그 때는 왜 그렇게 무섭고 멀리 느껴졌는지 모르겠다.

나중 동양의학과 언어학을 알고 나서는 언어장애에 대한 나의 인식이 많이 바뀌게 되었다. 인간이 처음 말을 배울 때는 더듬어가면서 말을 배운다는 것이다. 한 단어를 완전히 익힐 때까지 수천 번 더듬어 가면서 배우고, 급한 상황에서는 누구나가 더듬는다고 한다. 대부분 사람들은 조금 더듬어도 거기에 개의치 않는데, 언어장애인이 된 경우는 부모나 본인의 성격이 너무나 완벽하여 약간의 실수를 계속 문제 삼으로써 진짜 장애인이 된다는 것이다.

서너 살 유아들의 얼굴 실룩거림 증상도 말더듬증과 비슷하다. 얼굴 근육의 발달이 덜 되어 일시적으로 그런 증상을 볼 수 있는데 나이가 오륙 세가 되면 자연히 사라진다. 그런데 일시적인 증상에 너무 집착하여 부모가 계속 지적하게 되면 진짜 틱으로 진전될 수 있다. 이것 또한 부모의 완벽한 성격이 환자로 만드는 경우다. 이같이 조금의 실수나 허점을 허용하지 않는 환경에서는 언어장애나 틱 병이 생길 수밖에 없다.

그래서 이러한 질환들의 치료 방법은 말을 조금 더듬거나, 얼굴을 자주 찡그려도 '더듬어도 괜찮다, 찡그려도 괜찮다' 고 보듬어 주면서 가만히 지켜보고 자연스럽게 대해주어야 한다. 나아가서 본인 스스로가 '조금 더듬거나, 찡거려도 괜찮다' 고 생각할 수 있다면 머지않아 장애에서 해방될 수 있다.

이와 비슷한 신경과 질환이나 정서와 관계있는 질환들에서도 증상을 없애야 할 적으로 보지 말고 그럴 수도 있다는 여유로 받아들일 수 있게 되면 치료가 쉽게 될 수 있다.

손이 조금 떨린다면 "좀 떨리면 어떻나."

땀이 많이 나서 걱정이 많은 사람은 "땀이 좀 나면 어떻나."

얼굴이 잘 붉어지면 "좀 붉어지면 어떻나."

하는 배짱만 생긴다면 어떤 증상이라도 치료될 수 있을 것이다.

인간이 성장해 가는 과정에서 순간적으로 비정상으로 보

이는 증상은 질병으로 단정하면 안 된다. 성장기엔 누구나 그럴 수 있다는 여유와 아량을 가지고 느긋하게 기다릴 수 있어야 한다. 흔히들 사회에서는 '말을 잘해야 한다' 고 하지만 '말을 조금 못하면 어떠냐' 로 '최상이 되어야 한다' 를 '차상이면 어떠냐' 는 생각을 할 수 있을 때 우리 주위에는 많은 장애가 사라질 것이다.

장의 엄살

우리 몸에서 제일 예민한 곳은 어디일까? 나는 곧잘 '장'이라고 대답한다. 해로운 음식을 먹었거나 급체 시, 가장 빨리 그것을 설사시키거나, 토하여 우리 몸 바깥으로 내어버리기 때문이다. 또한, 장은 영양을 흡수하여 에너지를 만드는데, 만약 잘못 흡수한다면 우리 몸에 크나큰 위험을 초래하기 때문에 예민하게 반응하는 것이다.

설사를 자주 하여 항상 힘이 없다는 여 환자를 만났다. 나는 오히려 "설사를 자주 하는 사람은 큰 병이 없습니다."고 했다. 그녀는 고개를 갸우뚱하면서 의아하게 생각하여 쉽게 설명을 해주었다. 장수의 상징으로 알려진 학은 하늘을 날면서도 변을 본다. 새들은 대체로 자주 장을 비워 두어서 항상 깨끗하다고 한다. 아프리카 원주민들도 하루에 몇 번이나 변을 본다. 그러나 현대인들은 문화생활을 하면서 참다 보니, 자연히 지금같이 변비로 고생하게 된다.

나도 찬 맥주나 찬 것을 많이 먹으면 가끔 설사하여 장이 약한 것으로 생각하고 있었다. 어느 날 선배에게서 이런 이야기를 듣고 위안이 되었다.

"설사를 자주 하면 장이 약한 것으로 생각하지 말고, 장이 예민하다고 보아야 한다. 장이란 영양을 흡수하는 것만 아니라 우리 신체의 전반적인 상황을 파악해서 다소 독이 될 것 같으면 배설해 버리는 것이다. 즉 우리 신체의 파수병처럼, 맥주를 많이 먹어 수분이 지나치게 많든지, 독소성분이 있으면 배설하여 몸을 정화하고 예방하는 측면이 더 강하다. 그래서 장이 약한 것으로만 생각하지 말고, 건강의 지킴이 역할을 하는 것으로 보아야 한다."

그 선배는 자연요법을 실천하는 의사인데 건강법으로 한 달에 하루 저녁은 식사를 금하고 약을 먹어 일부러 설사를 시킨다고 했다. 지금까지 60인생을 건강하게 잘 유지해오고 있다. 환자에게도 이와 유사한 절식요법을 권한다. 당뇨나 고혈압, 고지혈증 환자들은 대체로 영양과잉으로 생기니, 한 달에 하루를 과일이나 채소를 먹는 식이요법으로 많은 사람이 건강을 되찾고 있다. 음식이 부족한 시대를 경험한 사람은 대체로 마이너스 성향을 지닌 설사 같은 것을 부정적으로 생각하고 있다. 그러나 영양이 너무 과잉되어 넘치는 질환으로 고생하는 지금에는 적당히 배출시켜주는 것이 오히려 신체에 도움이 될 수 있다.

장의 길이는 6~8미터가 된다. 다른 장기에 비해 크고, 너무나 길어 다소 무용지물로 보이지만 그렇게 긴 이유는 우리가 진화되어 오면서 그만한 역할을 하고 있기 때문이다. 단지 흡수 배설뿐 아니라 신체 전체의 이상을 감지하는 면역체계 일부분을 담당하고 있다. 실제로 장의 일부분인 맹장을 필요 없다고 잘라 버린 사람이 있는데 나중 대장암이나 직장암에 걸릴 확률이 몇 배 높다고 한다.

사람이 살아가는 데도 '장' 같이 예민하게 엄살을 부리는 현상들을 볼 수 있다. 배우자의 가벼운 불평이나 친구의 섭섭한 한 마디를 그저 흘려보내서 나중 후회하는 경우를 흔히 볼 수 있다. 장이 항상 우리 몸의 파수꾼처럼 역할을 하듯이 가정이나 사회적으로 아주 작은 일이라도 사소한 것으로 보지 말고, 주의 깊게 다루었을 때 큰 사건으로 번질 수 있는 것을 예방하는 길이 될 것이다.

소매물도 정경

한 가지 병 있는 자가 장수한다

우리 몸에는 큰 병이 발생하기 전 작은 징후가 반드시 있는데, 이때 작은 것이라도 크게 생각하여 최선을 다해 대처해 나가면 얼마든지 큰 병으로 진전되는 것을 막을 수 있는데, 관리소홀로 인하여 나중 크게 고생하게 되는 경우를 자주 보게 된다.

나는 40대 초반, 시골 초등학교 동창회 운동회 날 400미터 릴레이에서 바통을 다음 주자에게 넘겨주고 갑자기 쓰러져 버렸다. 소위 의사란 자가 넘어졌으니 그 창피스러운 것은 이루 말을 할 수 없었다. 그때는 병원 확장으로 인한 고민으로 몸이 극도로 쇠약해 있을 때였다. 그래서 나는 마음을 단단히 먹고 몸을 담금질하기로 했다. 20 년 동안 하루 두 갑씩 피우던 담배를 끊고, 하루 한 시간 이상 운동을 하기로 했다. 현미 잡곡식과 자연식으로 식탁문화를 확 바꾸었다. 요가, 명상, 단전호흡으로 스트레스를 될 수 있는 대로 안 받도록 하며, 건강회복을 위해 최선을 다했다. 지금까지 잔병 없이 20여 년을 그런대로 지내온 것을 보면, 그때부터 해오던 나의 적극적인 변화와 좋은 습관 덕분이 아닌가 생각이 든다.

진료실에 고향의 후배가 우울증으로 찾아왔다. 남편이 술을 하도 좋아해 건강진단을 한번 받아 보자고 졸라도 협조 않다가, 50대 후반 어느 날 옆구리에 무엇이 만져져 병원에 갔더니 간암3기라. 벌써 전신으로 전이되어 손도 쓸 수 없게 되어, 3개월도 채 안되어 세상을 떠났다는 것이다. 사업도 번창하고 한창 살 나이에, 그 흔한 검진을 한 번만이라도 받아 보았더라면 더 살 수 있었을 것인데 그것이 원통하다는 것이다. 억지로라도 검진을 시켜야 하는데 그렇게 하지 못해 미안해하고 있는 것이다.

사업하는 한 친구는 건강을 장담하며 술독에서 살았다. 어느 날 아랫배가 이상하면서 대변이 시원찮아 부인의 손에 이끌려 정밀 검사해 보았더니, 다행히 직장암 초기라 수술하고 허리에 튜브를 차고 다닌다. 이 친구, 저 친구 찾아다니며 냄새나는 튜브를 내어 보이면서 검사의 중요성을 역설하는 건강 전도사가 되었다. 그 친구 권유 덕분에 수십 명의 친구들이 대장검사를 한 적이 있다. 그래도 이 친구는 자기 건강을 너무 자만하지 않고, 몸의 적신호에 대해서 검사도 해보고, 지혜롭게 대처하여 조기에 발견하여 생명을 건진 것이다.

우리 인체는 항상, 전체적인 건강 상황을 수시로 우리에게 말해주고 있다. 예를 들면, 어떤 일로 너무 과로하여 몸에 과부하가 걸릴 조짐이 보이면, 몸은 벌써 알아채고 몸살이나 감기로 신호를 보낸다. 우리 몸의 자동 제어장치가 작동하기 시작한 것이다. 이때는 하던 일을 잠시 접고, 며칠 푹 쉬고 나면, 씻은 듯이 모든 증상이 사라짐을 볼 수 있다. 그러나 이러한 경고를 무시하고 과속주행 했을 때는 더 큰 적색경보를 보내게 되며, 점차적으로 전체적인 쇠약증을 보이게 된다. 이때는 저항력과 면역기능이 심히 떨어져 온갖 질병에 쉽게 노출되는 것이다.

근래 우리 주위에서 흔히 볼 수 있는 성인병들은 발생하기 전에 반드시 이러한 작은 전조증을 볼 수 있다. 이때는 이러한 것들을 작다고 무시하지 말고, 스트레스 관리와 적당한 운동, 알맞은 식이요법 등으로 적극적으로 대처해 나가야 한다.

옛말에 '한 가지 병이 오히려 장수케 한다.'는 말이 있듯이 비록 큰 병으로 진전될 작은 징후를 가지고 있더라도, 기본 건강 법칙을 잘 지키고, 해로운 짓만 하지 않는다면 오히려 건강한 사람보다 더 장수할 수 있을 것으로 생각된다.

무욕대안

사리암 가는 길

살아 있는 것은 부드럽다

우리 몸은 20대부터 서서히 노화가 진행된다. 그래서 나이가 많아질수록 모든 관절이나 근육 질환으로 고생하게 되는 데 일반적으로 여기에 대해서 너무나 모르고 있는 것 같다.

사람의 몸은 20세를 지나 22~3세가 되면 벌써 노화가 시작된다. 특히 관절을 구성하는 근육과 인대의 기능은 30대가 되면 벌써 20대 초기보다 10%, 40대는 20%, 50대는 30%, 60대는 40%씩 감소한다. 현대인들은 숙여서 일하다 보니, 신체 뒤쪽 근육 즉 목, 어깨, 등, 허리, 골반, 장딴지 등의 근육들을 잘 쓰지 않아서 이곳들이 잘 굳어 온다. 그래서 그 부위들이 뻣뻣하고 당긴다고 호소하는 것이다. 근육과 인대로 되어 있는 관절의 대표적인 노화현상이 굳어지고 뻣뻣해지는 수축함으로 나타난다. 그러므로 이 수축

하여 굳어지는 근육과 인대를 본래대로 늘여 주는 작업이 건강유지에 상당히 중요하다고 하겠다.

그러나 진료실에서 환자를 만나보면 이러한 기본 상식이 없어 고생하는 경우를 흔히 볼 수 있다. 한 부인은 무거운 것을 들고 나서 발생한 허리 염좌로 허리의 굴신이 힘들어 누워서 절대 안정만 취하다 보니, 한 달이 지나도 완쾌되지 못하고 악화된 경우를 보았다.

또 허리 디스크가 있는 젊은 청년은 주사나 약만으로 너무 편한 치료만 하고 운동치료를 하지 않아 몇 년째 고생하고 있다. 50대 한 여성은 무릎의 연골이 닳아서 조심하라는 의사의 말을 잘못 이해하여 조심만 하고, 걷지를 않아 3년이 지났는데도 걷지를 못하고 있다.

이러한 경우들은 어떤 관절의 질환이라도 적당히 움직여서 연조직을 풀어 주어야 하는데, 운동하면 더 악화되는 것으로 잘못 알고 절대 안정만 취해서 그렇게 되었다.

인간의 몸 특히 관절의 근육과 인대는 쓰면 쓸수록 발달하고, 안 쓰면 퇴화하는데 어떤 한 관절을 한 달만 깁스하여 고정해 두면, 하루에 1.5%씩 힘이 떨어지며, 한 달이면 45%, 즉 근력이 절반으로 줄게 된다. 나이와 더불어 모든 관절계가 퇴행성으로 굳어지므로, 이것들을 풀어주는 스트레칭 체조나 동양의 도인안교, 요가 같은 운동이 더욱 필요해진다고 하겠다. 『걸으면 살고 누우면 죽는다』란 책이 있는데 나는 '부드러우면 살고, 뻣뻣하면 죽는다.' 고 자주 말하고 있다.

노인 복지회관 대항 건강 경연대회에 가 보았다. 거기서 1등 상을 받은 팀이 요가 팀이었다. 이같이 대구뿐 아니라 전국적으로 가장 인기 있는 강좌가 요가 같은 스트레칭 체조 시간이라고 한다. 중장년이나 노인들이 어떤 운동이 자기에게 가장 좋은지를 알게 되었는 것이다.

노자가 '살아 있는 것은 부드럽고 죽은 것은 뻣뻣하다' 고 하듯 나이가 들수록 관절을 부드럽게 풀어 주는 것이 건강유지에 중요하다고 하겠다. 육체의 유연함과 더불어 정신적인 유연함이 더해지면 더욱 좋을 것이고.

실컷 앓으세요

늦가을이라 제법 날씨가 쌀쌀하다. 일교차가 심한 이런 환절기엔 불청객처럼 찾아오는 것이 독감일 것이다. 출근길에 보건소를 지나다보니 마을 노인들이 줄을 서서 기다린다. 아는 한 노인은 독감 예방 백신이 다 떨어져서 그냥 돌아간다면서 우울했다. 곧 큰 병에 걸릴 것같이 불안해하는 모습이었다. 우리는 언제부터인가 독감이 유행하면 예방주사를 반드시 맞아야 하고, 어디가 아프면 주사를 꼭 맞아야 하는 것으로 생각하게 되었다. 주사 한 대로 모든 병을 예방하고 모든 건강을 지켜주지 싶은 맹신에 사로잡혀 있는 듯하다.

어릴 때 나는 몸이 약해서 요새 같은 환절기에 감기가 잘 걸렸다. 생강 계피차를 한 사발 벌떡벌떡 마시고, 지글지글 끓는 온돌방에서 이불을 뒤집어쓰고 땀을 나게 하였다. 하루 정도 누워서 푹 쉬면서 맛있는 음식으로 지내고 나면 그 다음 날은 신기하게도 몸이 가뿐했다. 하루 더 누워있고 싶어도 어머니가 '이제 열이 없으니 학교 가도 되겠다.' 고 하면 그것으로 나의 감기 엄살과 치료는 끝나야만 했었다.

한의학에서도 가을에 누가 감기에 걸리게 되면, 지난 여름에 과일이나 찬 음료를 너무 많이 먹었거나 몸을 너무 차게 하여 감기 같은 냉병이 왔다고 본다. 치료는 당분간 찬 것을 피하면서 따뜻한 음식으로 몸을 덥게 하였다. 약도 오적산 같은 따뜻한 약으로 땀을 나게 했다. 그러고 보면 우리가 민간요법으로 여기면서 해온 치료법들이 오히려 더 과학적인 것을 알 수 있다. 감기나 몸살이 심하면 며칠 동안 외출을 삼가고 집에서 요양에 힘쓰며 음식으로 보양하는 즉 요양과 충전기로 보았던 것이다.

진료실에서 척추환자를 치료하다 보면 뼈 주사를 많이 맞고 오는 노인들을 보게 된다. 삼사 개월 전보다 더 악화되어 겨우 걸어 들어왔다. 근육이나 신경이 약해지는 스테로이드 계통의 주사를 계속 맞고, 절대 안정만 취하다 보니 관절이 더 굳어져 기능이 더 떨어진 것이다. 그래서

"허리 운동을 하셨습니까?"

하고 물어보면

"어떤 운동이 허리운동입니까?"

하고 처음으로 허리운동을 들었다는 사람이 많다. 관절이나 근육은 하루만 안 써도 굳어지거나 근력이 떨어지는데 이러한 주사나 진통제가 과연 근본적인 치료에 도움이 될 수 있을까 하는 회의감이 들지 않을 수가 없다.

우리 주위에 가장 흔한 질병이 혈압이나 당뇨병일 것이다. 이런 질환은 우리의 체력이 조금씩 저하되는 사십 대에서 주로 시작되고, 매스컴에서 자주 보게 되는 일사병이나 동사로 사망하는 사람은 거의 대부분이 노약자이다. 나이 많은 저명인사도 사망 질환은 큰 병이 아니라 폐렴 같은 질환임을 볼 수 있다. 결국 독감이나 폐렴, 대상포진 같은 질환도 그 사람의 체력이 많아 약해져 있거나, 면역력과 저항력이 떨어졌을 때 발생하게 되는 것을 알 수 있다.

우리가 두려워하는 독감이나 전염성 질환도 지레 겁을 먹을 필요가 없다고 생각한다. 우리 인생에서도 '한 가지의 경험으로 한 가지 지혜가 더 생긴다.' 고 하듯 우리 신체도 수백만 년 진화되어 오면서 어떤 전염성 질환으로 고생하게 되면 그 질환에 대해서 항체가 생길 뿐 아니라 신체 전체적으로 면역기능이 강화된다는 사실이다. 질환이 왔더라도 담담하게 받아들이면서 휴식과 영양으로 요양에 임한다

(수처)작주

면 큰 병을 막을 수 있는 초석이 될 수 있다고 생각한다.

우리 몸은 정말 신비 그 자체이다. 과로해서 피로할 때는 우리 몸이 알아서 쉬려고 몸살이나 감기가 온다고 생각하기 때문이다. 그래서 가까운 사람이 몸살감기로 고생하면 '푹 쉬면서 실컷 앓으세요.' 라는 섭섭한 이야기를 가끔 하게 된다.

작은 징후

1:29:300이란 하인리히의 법칙이 있다. 대형사고가 터지기 전에 스물아홉 번의 경미한 사고가 있었고 그 사고 전에는 삼백 번의 작은 징후들이 있다는 것이다. 즉 큰 사고 발생 전에는 사소한 사고들이 있는데 이를 계속 방치할 때 대형사고가 발생한다는 것이다. 사람의 몸도 마찬가지이다. 갑자기 큰 병이 발생하는 것이 아니다. 큰 병 발생 이전에 신체 고장의 작은 징후가 여러 가지로 나타나지만, 이것을 감지 못하거나 방치하다보면 결국 큰 병으로 이어지게 되는 것이다.

나는 척추질환 중 주로 디스크 탈출증을 진료하고 있다. 내원 환자 치료 중 디스크질환의 전조증으로 보여지는 환자가 있어 수차례 척추 관리법에 대해서 이야기했지만 이를 소홀히 해서 디스크 탈출증으로 고생하는 경우를 자주 보게 된다.

허리병으로 한 해에 몇 번씩 오는 20대 총각이 있었다. 컴퓨터에 장시간 앉아 있다 보니 등이 뒤로 좀 나와 자세가 안 좋아서, 시간 날 때마다 허리를 뒤로 많이 젖혀 자세교정과 더불어 허리관리에 대해서 주의를 주었다. 그런데 관리소홀로 어느 날 치료실을 겨우 들어 왔다. 디스크 질환이 발병한 것이다.

야간업소를 운영하는 30대 중년 여성이 자주 진료실을 찾았다. 늦게 야식하고 오전 내내 잠을 잔다는 것이다. 체중이 계속 불어났다. 그래서 야식을 금하고 체중조절을 가장 우선시하라고 충고하면서 운동요법을 권했지만, 이 사람도 결국 관리소홀로 디스크질환으로 고생하고 있다. 50대 남성이 진료실을 찾아와, 잠자고 나서나 오래 서 있으면 허리가 아프다는 것이다. 운동을 하고 나면 덜 아프다고 한다. 허리 근력이 약한 것으로 진단되어, 근력을 강화하는 처방을 내었다. 이 사람은 철저히 관리하여 지금은 많이 호전되었다.

디스크 전조증인 허리 뻐근함, 허리통증, 허리 힘없음, 등 · 어깨 결림, 뒷머리 통증, 다리 · 팔저림 등의 증상이 있는 사람은 평소 척추관리에 신경을 써야 디스크질환을 예방할 수 있다.

OFF

근래 가장 흔한 3대질환인 암, 뇌질환, 심혈관질환의 전조증은 검사상으로 잘 나타나지 않는다. 에너지 차원의 기적인 현상으로 자신만이 알 수 있는 아주 작은 여러 증후들로 나타난다. 예를 들면 두통, 현기증, 피로감, 귀울림, 입마름, 상기, 안구피로, 가슴 답답, 팔다리 힘없음, 감기 몸살, 불면, 우울증, 대소변이상, 생리불순, 성기능감퇴 등의 생리기능의 이상을 볼 수 있다.

이러한 증후군들이 3개월 이상 가거나 두 가지 이상의 증상들이 복합적으로 나타날 때 주의하여야 한다. 손쉬운 자가 진단법으로는 소위 Vital sign이라는 맥박, 체온, 혈압을 통하여 평소 자기의 맥박수와 혈압을 파악하고 있으면 진단에 도움이 될 수 있다.

이러한 자기 신체의 아주 작은 증후에 대해서 예의 주시한다면 큰 병을 예방 내지 조기에 치료할 수 있다. 즉 이러한 증후군들은 우리 신체의 면역체계가 발동한 것으로, 우리 몸을 관리해 달라는 신호와 경고를 보내고 있는 것이다.

이때는 건강에 너무 자만하지 말고, 겸손하게 자기 신체의 변화에 관심과 주의를 기울여야 한다. 그래서 빠른 시간 내에 정상을 회복하도록 최선을 다해야 한다. 호미로 막을 일을 나중 가래로 막는 실수는 하지 말아야 할 것이다.

반복의 힘

'거짓말도 반복하면 믿게 된다.' 고 세계적인 민중 선동의 달변가 히틀러가 말한 적이 있다.

말을 반복한다는 것이란 설령 그것이 진실이 아니더라도 사람의 마음을 바꿀 수 있는 강력한 힘이 있다.

나는 학창시절에 심리학시간이 끝나고 동급생 몇몇이 공모하여 장난을 친 적이 있다. 순진한 여학생을 실험대상으로 삼아서, 일교시부터 돌아가면서 한 마디씩 하기로 했다.

'어디 안 좋은 일이 있느냐, 어디 아프지 않느냐, 얼굴이 참 안 좋다, 병원에 한번 가 봐라'
등의 부정적인 메시지를 오전시간 내내 했더니, 오후 수업엔 조퇴하고 가버린 것이다. 나중에 공모자들이 사과의 말과 더불어 실험 이야기를 했더니 그 학생이 하는 말이, "모

일산정담

두가 아프지 않느냐고 하니까 나도 진짜 아픈 것 같이 느끼게 되더라."는 것이다. 피 암시성이 강한 학생이었던 모양이다.

미국의 한 내과전문 병원에서 소화기 질환인 위장병이나 십이지장질환은 스트레스와 정서불안과 상관성이 많음을 알고 환자들에게 이런 처방을 내렸다.

'나는 나날이 좋아지고 있다.' 는 말을 환자 스스로 암송하도록 하고, 직원들에게도 긍적적인 메시지를 주도록 하며 벽 곳곳에 이 말을 적어 놓았다. 나중 이 병원이 전국에서 가장 우수한 치료율을 자랑하게 되었다고 한다.

우울증으로 고생하는 50대 중반의 부인이 나의 진료실로 찾아 왔다. 여러 가지의 쓸데없는 고민으로 고생하길래 '이 또한 지나갈 것이다' 란 간단한 문구를 수시로 암송하도록 했더니 한 달도 안 되어 웃는 얼굴로 다시 찾아온 적이 있다.

베드에 누워서 물리치료 도중 무엇을 외우는 할머니가 있었다. 불교신자로서 범어로 된 주문이었다. 뜻을 모르고도 계속 외우다 보면 영험이 있다는 것이다. 어떤 외부적인 위대한 힘을 기대하고 있는 모양이다. 그래서

"뜻도 모르고 외우려고 노력하기보다는 우리 마음에 와

닿는 말이 얼마나 많습니까?

아멘, 할렐루야, 관세음보살, 옴마니반메홈 등과 같은 만트라식의 암송도 좋겠지만 우리가 가장 쉽게 이해하는 우리 심성에 직접 와닿는 '감사합니다. 고맙습니다, 사랑합니다.' 와 같은 구절을 아침 자고나서와 자기 전 5분간만 암송해 보십시오! 뜻을 모르고 하는 것보다 알고 하는 것이 더 효과적이다."라고 말한 적이 있다.

뜻도 모르고도 어떤 주문을 외우는 주문이 할머니에겐 효과적일 수가 있듯이, 내가 그 말의 뜻을 알고 계속 반복하면 더욱 큰 힘을 낼 수가 있다. 우리의 무의식은 어떤 것을 반복하다보면 나중엔 무조건 믿어 버리기 때문이다. 그래서 어떤 말이라도 계속 반복한다는 것은 우리가 상상을 초월할 정도로 큰 힘을 발휘할 수 있는 것이다.

우리가 '예수를 보았다. 부처를 보았다' 등의 불가사의한 일들이 일어났다고 매스컴에서 떠들지만, 실상 그러한 일은 오직 한 마음으로 행하는 우리의 무의식이 만들어 놓은 것으로 밝혀졌다. 이같이 반복되는 우리의 언어세계나 심리세계는 기적 같은 일을 양산할 수 있는 것이다.

좋은 말 한 마디는 사람을 기쁘게 할 수 있다. 될 수 있는 대로 사람들에게 희망과 행복을 줄 수 있는 말이라면 더 좋을 것이다. 더 중요한 것은 자기가 자기에게 말하는 것이다. 그래서 내가 좋아하는 어떤 금언이 있다면 계속 반복하여 나의 뇌리에 깊이 박히도록 할 필요가 있는 것이다.

마이너스 치료법

근래 우리 주위엔 현대병이란 당뇨병이나 고혈압으로 고생하는 사람을 많이 볼 수 있다. 이런 질환의 치료법은 기존의 치료법으로는 치료가 잘 안되고, 마이너스 치료법이 더 효과적이다. 이 치료법은 많이 섭취하는 데 초점을 두는 플러스 치료법과는 달리 어떻게 하면 배설을 잘 할 수 있느냐 하는 빼기 치료법을 이야기한다.

현대인은 음식 속에서 살아간다. 많은 외식과 집에서의 영양 위주의 식사이다 보니 몸은 항상 영양 과잉이다. 거기다가 운동량이 절대적으로 모자라고, 스트레스는 과식을 더욱 부채질한다. 그러다보니 피는 탁해져 고지혈증을 일으키고 지방을 저장하는 간은 지방간으로 혈관벽은 굴뚝같이 기름이 끼어 동맥경화증을 일으키게 되는 것이다. 이러한 것들은 결국 우리 인체에 치명적인 영향을 주어, 여러 가지 현대병을 일으키고 있는 것이다.

마이너스 치료법은 음식, 운동, 정신의 관리를 중시한다. 과식하기 쉬운 음식은 적당하게, 오히려 조금 부족할 정도로 섭취하도록 하고, 부족하기 쉬운 운동을 적당히 하여 신체의 활성화와 쌓이기 쉬운 영양을 소비하도록 한다. 그리고 스트레스는 될 수 있는 대로 적게 받도록 하여 정신의 평정을 이루도록 하는 치료법이다. 그래서 칼로리학설인 섭취의 관점보다 어떻게 하면 필요 없는 것을 배설하느냐에 치료의 중점을 둔다.

나는 20살쯤 재수하면서 불면증 두통 불안 소화장애 등의 전신의 허약증세와 신경과 질환으로 오랜 기간 동안 고생했다. 백방으로 치료하던 중 이 치료법을 만나게 되어, 근 40년 동안 이 치료법을 실행하고 있는데 아주 건강하다. 그 방법은 간단하다. 예를 들면 아침 안 먹든지, 적게 먹기. 음식은 주로 곡식류와 채식으로, 전날 약간 과식하거나, 과음했다면 아침은 굶거나 설사하기, 하루 한 시간이상 운동, 30분 거리는 무조건 걷기, 될 수 있는 대로 스트레스 안 받고, 30분 이상 호흡 주시하기 그리고 스트레칭 명상하기 등이다.

세계적인 식이요법 과학자들이 쥐 실험을 했다. 10마리

씩 두 군으로 나누어 한쪽 군은 충분한 사료를 주고, 다른 쪽은 20~30% 사료를 적게 주었다. 처음엔 영양이 충분한 군이 통통하고 기름이 흐르면서 보기에도 좋았지만, 다 성장한 뒤에는 당뇨나 혈압 등 즉 사람으로 치면 성인병으로 고생하게 되었고, 조금 영양이 부족한 군은 외관상 그리 보기는 안 좋았지만 아무런 질병 없이 수명이 더 길었다는 것이다. 이 실험은 어느 나라에서 해도 똑 같은 결과를 얻었다는 것이다.

또 한 예는 일 주일에 한 번씩 금식하는 종교단체의 신자들을 수십 년을 두고, 현대 성인들과 건강상태를 비교 조사해보았는데, 이 단체 회원들은 당뇨나 혈압 등의 성인병에 걸릴 확률이 현대인들보다 10% 이상 적었다는 것이다.

한 70대의 건강한 의사가 건강법을 이야기했는데 아주 간단했다. 그는 한 달에 한 번, 저녁에 일체 음식을 금하고 마그밀 같은 설사제를 먹고 장을 깨끗이 비웠다는 것이다.

영양이 부족한 시대에 있어서는 어떻게 하면 채울 것인가의 시대였다면, 현재는 필요 없는 것을 어떻게 밖으로 잘 내어 보내느냐 하는 시대가 되었다.

이같이 풍요한 시대임에도 불구하고 지구의 반대쪽에서는 가난과 기아선상에 허덕이고 있는 사람이 있음을 생각할 때, 베풂과 포용의 철학이 더욱 필요할 때라고 생각한다.

이러한 현대병을 치료하려면 마이너스 치료법, 즉 좋은 것을 많이 섭취하려고 하기보다, 어떻게 하면 필요 없는 것을 빼느냐 하는 관점에서 생각해보면 쉽게 건강을 찾을 수 있을 것이다.

일일시호일

쉬었다 가십시오

가을로 가는 길

쉬었다 가십시오

우리는 많은 사람과 만나고 헤어진다. 그 중에 헤어진 지가 오래 되어도 기억에 남는 사람이 있다. 그런 사람은 대부분 나의 이야기를 들어 주었고 나를 이해하려고 했던 사람일 것이다. 보통 사람은 자기를 먼저 앞세우기 일쑤이다. 그런데 자기보다 상대를 배려할 수 있는 사람이라면 상당한 수준의 인격자일 것이다.

1970년대 서울서 고향으로 내려오는 고속버스 안에서였다. 차에 오르니 오십대 중년신사가 창가에 앉아 웃으며 눈인사로 맞는다. 연장자라 다소 부담이 되었다. 그는 아무 말 없이 책을 보다가 가끔 바깥을 내다보면서 사색에 잠기는 듯했다. 내가 있는 쪽을 일부러 피해 주었다. 금강 휴게소에서 쉬게 되었다. 나는 얼른 볼일을 보고 앉아 있는데 신사가 음료수 한 병을 들고 들어와 씩 웃으면서 나에게 권했다. 얼떨결에 감사 인사도 못하고 받아 먹었다.

목적지에 도착하여 헤어질 때 그 신사는 "학생! 조심해서 갑시다."하고 처음으로 한 마디를 했다. 그리고 주머니를 뒤지더니 껌 하나를 내어 주었다. 그 후 사십 년이 흘렀지만 그 신사에 대한 기억은 지금까지도 나의 뇌리에 생생하다. 나는 신사로부터 큰 선물 같은 것은 받지 않았다고 생각한다. 그러나 네 시간 동안 좁은 공간에서도 자기존재에 대해 부담을 주지 않으려 했고, 자기가 베풀 수 있는 모든 것을 나는 받은 것으로 기억되기 때문이다.

내 나이 열 살쯤 되던 해, 사돈뻘 되는 집안 식구들과 어른의 제를 올리려고 십인승 승합차를 탔다. 여름이라 차 안이 무척 더워 나의 얼굴에는 땀이 쏭쏭 났다. 그런데 바로 앞에 나보다 두서너 살 위로 보이는 도시 소녀가 손수건을 꺼집어내더니 내 이마의 땀을 닦아주는 것이 아닌가. 순진했던 시골 소년이라서 그러했는지는 모르지만, 따뜻한 소녀의 마음과 향수 냄새나는 흰 손수건을 지금도 잊을 수가 없다.

일전에 명상의 대가 오쇼 라즈니쉬의 책에서 이런 글을 읽은 적이 있다. 한 등산객이 높은 산의 정상에 오르고 산 밑으로 내려오게 되었다. 멀리서 꽃향기가 바람을 타고 날

아오는 것이 아닌가. 작은 길이 보여 곧장 그 길을 따라 내려갔다. 갑자기 아름다운 정원이 나타났다. 장미와 이름을 알 수 없는 온갖 꽃들이 향기를 뿜어내고 있었다. 산에서 내려오는 물을 이용하여 수로와 작은 호수를 만들고 거기엔 고기가 노닐고 있었다. 정원 곳곳엔 벤치가 보였다. 한참 둘러보아도 사람은 보이지 않았다. 조그만 통나무집 현관에 "쉬었다 가십시오."란 팻말이 붙어 있었다.

주인은 새벽에 와서 꽃이나 정원을 정리하고 집으로 간 것 같았다. 주인의 따뜻한 마음을 느끼는 것 같아 시간 가는 줄 모르고 풍경을 즐겼다고 한다.

세월이 몇 년 흘러 그 쪽으로 가게 되었다. 옛날의 그 정원을 다시 찾았다. 사람이 잘 안 다녀 길도 안 보여 겨우 정원을 찾게 되었다. 그러나 옛날의 정원이 아니었다. 가시덤불로 덮여 있었고 사람의 손이 가지 않아 꽃들과 나무들은 제멋대로 키를 자랑하고 있었다. 물은 들어오지 않아 수로와 호수는 말라 있고 통나무집은 넘어지기 바로 직전이었다. 나비나 벌도 더 이상 볼 수 없었다. 벤치엔 먼지가 덕지덕지 쌓여서 그대로 앉을 수도 없었다.

문득 팻말이 생각나 현관 쪽을 보았더니 옛날의 그것은 없어지고 그 옆의 가시덤불 앞에 이렇게 쓰여 있었다.

"여기는 개인 땅이오니 함부로 들어오지 마시오."

이것을 본 그 등산객은 거기서 지체할 필요를 조금도 못 느꼈다. 뒤도 돌아보지 않고 그 정원을 떠났다. 그 뒤로는 한 번도 가보지 않았다고 한다.

산속의 집이라도 찾아가고 싶은 곳이 있다. 주인이 아름다운 마음을 가지고 있고 사람을 배려하는 곳일 것이다. 우리 주위엔 산속의 정원보다 더 잘 꾸며 놓은 곳이 많이 있다. 그런데 선뜻 가고 싶은 곳이 적은 것은 왜 그럴까. 문득 나는 과연 누구에게 가고픈 정원의 주인이 될 수 있을지 자문하고 나니 자신이 없어진다.

마음청소

세계적인 인생경영 전문가 카네기는 말했다. '사업이 잘 안 되거나 일이 잘 안 풀릴 때는 사무실의 책상부터 깨끗이 정리하라'고. 필요한 것 외에 모든 것을 치워야 한다는 것이다. 앞으로 할 일도 분명히 보이고, 능률도 올라가서 모든 일이 술술 잘 풀린다고 했다.

우울증으로 상담하러 온 환자에게 의사는 이런 처방을 내렸다.

"집에 가서 장롱문을 열어 흩어져 있는 옷가지를 가지런히 정리하고, 엉켜진 실타래를 풀어 보세요."

그 환자는 처방대로 집안과 장롱을 정리하다 보니 고민은 사라지고, 건강도 많이 호전되었다고 한다.

어떤 도둑은 신발이 사방으로 흩어져 있는 집을 목표로 한다고 한다. 신발이 가지런히 놓여 있는 집은 가져갈 만한 것

고향 생각

이 없다는 것이다. 귀중품을 허술하게 두지 않는다는 것이다.

풍수지리에서도 집안의 가구나 기물들이 있을 자리에 있지 않고 제멋대로 흩어져 있는 집안은 재물복이 없고, 사는 사람들의 정신 건강도 좋지 않다고 한다. 그래서 필요 없는 것을 과감히 버리고, 집 안을 깨끗이 정돈하는 것을 행복한 가정의 비결로 보았다.

십여 년 살던 집을 이사하게 되었다. 주택이라 지하창고 등에서 끄집어 내어놓고 보니, 차로 몇 대 분이 되었다. 그래서 안 쓰는 물건이나, 잘 안 보는 책들을 과감하게 손수레로 몇 대 분을 버렸다. 이사한 새집에서 모든 분위기와 환경이 달라지니 꼭 신혼살림 같은 기분이었다. 환경이 달라지니 마음도 달라졌다. 새로운 마음으로 매사에 대하니 모든 일이 잘 풀렸다.

나는 결혼해서 20년이 넘도록 집에 오면 피곤하다는 핑계로 집안일에 일절 손대지 않았다. 바깥일도 잘하기 힘든데 집안일이나 주방일은 남자 소관이 아니라고 생각했다.

하루는 처가에 갔더니 그렇게 권위적이고 체통을 중시하는 장인께서 걸레로 온 방을 닦고 있는 것이 아닌가. 나이 들면 여성적으로 바뀐다지만 나에겐 신선한 충격이었다.

"청소도 70대 사람에겐 큰 운동이 되네. 해보니 기분도 좋고, 몸도 좋아지는 것 같네." 라고 말하는 것이 아닌가. 그 뒤로 나이를 먹어 가면서 청소에 대해서도 내 생각도 조금 달라졌다. 근래는 명절이나 제삿날이면 남자가 마땅히 할 일이 별로 없어서, 방도 닦고 마당도 쓴다. 때가 낀 거울이나 창문을 닦고 가만히 들여다보면 내 마음도 잠시나마 정화되는 기분이다.

붓다의 제자 주리반특이란 자가 있었다. 일자무식 꾼이었다. 아는 것이 없는데 깨달을 수 있느냐는 질문에 스승은 오직 마음의 때를 쓸어내듯, 그런 마음으로 청소하라고 충고했다. 일념으로 청소했더니 결국 깨달았다고 한다.

선불교에서는 이 마음의 때, 즉 번뇌와 망상 때문에 모든 문제가 생긴다고 한다. 번뇌 망상만 제거하면 우리 모두 깨달은 사람이 될 수 있다는 것이다.

요새는 마음이 좀 복잡하고 세상일이 뜻대로 되지 않을 때는 세속의 잡된 것을 빗자루로 쓸어내듯 그런 마음으로 가끔 청소도 하고, 걸레질도 곧잘 한다. 청소하고 나서 집안이 깨끗하게 된 것을 두고 집사람은 "청소 아주 잘 되었습니다. 앞으로 자주 청소 좀 부탁할게요."하면서 칭찬을 해준다.

난 '먼지나 쓰레기 같은 것만 없애면 청소인가? 안 보이는 마음의 때를 지워야 하는데' 하고 속으로 되새겼다.

머리에 붙은 불 끄듯

집안의 어른이 회갑이라고 하면 우러러 보았다. 경험적으로나 정신적으로 상당한 연륜을 쌓았을 것으로 생각해서이다. 그러나 내가 막상 그 나이가 되어 보니 자신이 한심스럽게 생각된다. 무언가 하나 확실히 이루어 놓은 것 없이 허송세월 한 것 같아 앞날이 더욱 막막해진다. 특히 주위의 사람들이 퇴직하여 시간 주체를 못하여 집에 꼭 박혀 있던가, 산이나 들로 등산만 하는 사람을 보면 보람 있는 인생이 어떤 것인가에 대해서 더욱 생각하게 된다.

호킨스 박사가 쓴 '의식혁명'이란 책을 보고 놀란 적이 있다. 거기서는 인간의 의식수준을 이야기하는데, 피라미드의 제일 꼭대기에 예수나 석가를 설정하고, 그 분들의 의식 에너지의 치수를 1000이라 보고 보통 사람들은 200~300정도의 의식수준을 보인다고 했다. 문제는 우리가 태어날 때 벌써 의식수준이 결정되었다고 하면서 평생 노력해도 5점 정도의 의식진전밖에 이루지 못한다고 했다.

이러한 이야기는 불가佛家에서 말하는 전생의 업業으로 태어난다는 이론과 일맥상통하는 것 같다. 특히 명상가 오쇼 라즈니쉬는 우리 나이 십오세가 되면 그 사람의 정신 수준이 결정되는데, 수준을 높이려면 보통 사람의 몇 배의 노력이 필요하다고 했다. 실제로 중학교 때 헤어진 친구를 만나 얘기를 들어보거나, 가까운 어른들의 살아가는 모습을 보면 근거 없는 이론은 아닌 것 같다.

하루는 존경하는 스님을 찾아서 이러한 인간의 의식향상에 있어서 부정적인 이야기를 꺼내어 놓았다.

"평생 노력해도 의식수준을 십 점 이상을 향상시키기 힘든다고 하니 희망이 없는 것 같습니다."라고 하니 스님이 "무슨 그런 말씀을 하십니까. 사형선고를 받고도 붓다를 상견하고 일심으로 명상하여 삼 일 만에 깨달은 사람도 있고, 어떤 선사는 나이 팔십이 넘어 깨달아 지금도 우리 후배에게 귀감이 되고 있습니다. 요는 얼마나 절박하게, 열심히 하느냐에 달렸지, 나이가 무슨 문제가 되겠습니까."라고 하면서 나에게 용기를 심어 주었다.

실제로 역사를 움직인 사람들의 발자취를 들춰보면 미켈

란젤로는 구십세에 베드로성당의 벽화를 그렸다고 하며, 괴테는 파우스트를 팔십세에 썼다고 한다.

청나라의 최고의 화가 금농金農은 쉰살이 넘어 붓을 처음 잡았고 예순이 훨씬 넘어서야 대나무를 그리기 시작했다고 한다.

미국의 여류 국민화가 그랜드마 모세스는 칠십이 넘어 그림 그리기를 시작했다고 하고, 99세에 '약해 지지마' 란 베스트 셀러 시집을 발간한 일본의 시바타도요 할머니는 92세부터 시 공부를 시작했다고 한다. 이런 사람들은 보통 사람들과 다른 천재적인 재능을 가졌을는지는 모르지만, 나이를 먹었어도 젊은 사람들보다 더한 열정과 정열을 가졌음을 알 수 있다.

대체로 나이가 육십이 되면 한평생 익힌 습習에 의하여 몸과 마음이 움직인다고 한다. 그래서 나이가 들어서 차원이 다른 삶을 살려고 하면 큰 모험이 따라야 한다고 한다.

참선요지란 걸작을 남긴 허운 대사는 "50대라면 머리에 붙은 불을 끄듯이, 체력이 조금 남아 있을 때 부지런히 힘써야 하고, 60대라면 지금까지 해오던 집안이나 사회적인 모든 일을 멈추고 온전히 자신만을 위해 시간을 투자해야 겨우 조금 다른 면모를 볼 수 있다"고 했다.

겨울 서정

비록 나이가 들어 육체는 늙고 눈가에 주름살이 늘었더라도 가슴속엔 정신적으로 향상하고자 하는 열의로 가득하다면 오히려 70대, 80대 청춘이라고 할 수 있을 것이다.

수염 소동

어릴 때부터 나는 수염 많은 사람을 부러워했다. 흰 두루마기에 허연 수염이 바람에 휘날리는 할아버지를 보면 학을 보는 듯했고, 중장년 남성의 새까맣고 윤기 나는 수염은 개성과 남성다움으로 느껴져 언젠가는 나도 저런 수염을 한번 가져 보았으면 하고 원했다.

그런데 이 소원에 대한 꿈을 이루게 된 사건이 있었다. 90년 대 중반 한약조제권 문제로 나라 전체가 떠들썩한 적이 있다. 서양의학을 공부한 약사가 한약도 약이라면서 자기들이 조제해야 된다며 힘으로 밀어붙이고 있었다. 언론에선 약자인 한의사 편이 되어 한방 쪽에 많은 힘을 실어주었다. 젊은 한의사들은 자신들의 결연한 의지를 보이고자 삭발을 하면서, 전체 한의계에 무언의 압력을 주면서 삭발을 강요하고 있었다. 처음엔 나도 동조하려고 했으나 나는 생각을 달리했다.

내 영역이 침범을 당했다면 상대방의 검은 욕심 이전에 자신에게 잘못이 있다고 생각했다. 눈을 부릅뜨고 자기 집을 지켰다면 누가 감히 남의 집에 함부로 들어오겠느냐 싶었다. 자신의 정체성을 찾아야 함을 통감하게 되어 동양의학이란 무엇이고, 동양의학적 치료란 어떤 것인가 하는 근본적인 문제로 한참동안 고민했다. 그래서 인위적인 행위인 삭발보다 한방의학이 자연의학인 만큼 가장 우리 몸에 자연스러운 것이 어떤 것인가를 생각하다가 수염을 생각하게 되었다.

집에 와서 수염을 기르기로 한 뜻을 이야기하니 처음엔 집사람도 동조해주었다. 이삼 개월이 지나 수염이 오 센티 정도 나오니 내가 지나가고 나면 동네 사람들끼리 수군대었다. 점점 수염이 길어질수록 관리가 만만치 않았다. 특히 음식 먹을 때 제일 신경이 쓰였고, 면도는 너무 힘들어 수염만 전문으로 관리하는 이발소를 찾아보았지만 보이지 않았다. 그럭저럭 육 개월이 되니 십 센티 이상 자랐다. 그 즈음의 단골환자들이 나를 보고 지저분하고, 안쓰럽게 보였던지,

"선생님! 공인으로서 품위를 지켜야지요."

범사 감사

"한복에 수염까지 기르니, 한 십 년은 더 들어 보이네요."
하면서 충고도 해주고 걱정도 해주었다.

처음엔 서양 사람들처럼 멋진 수염을 기대했는지 모르지만, 몇 가닥 듬성듬성 나 지저분한 나를 보더니 집사람이 어느 날 수염 깎기를 권유했다. 그러나 결정적인 것은,

"애비야, 수염 좀 깎아라! 젊은 사람이 보기 싫다."
란 아버지의 한 마디였다. 젊은 자식의 수염은 일종의 부모 권위에 대한 도전의식으로 생각한 것 같아 하는 수 없이 결국 나의 수염 수명은 육 개월로 끝나 버렸다.

요즘은 개성이 필요한 연예인이나 예술인들이 수염을 기르는 것을 자주 본다. 자기만의 표현이나 창의성이 필요한 시대라 수염에 대해서 부정적인 인식보다 수용하는 분위기가 되었다. 그런데 이십 년 전, 나의 수염에 대해서 왜 그렇게 많은 사람들이 관심을 가졌는지 모르겠다. 다시 도전해 보려고 가끔 턱을 매만져 보지만 지금은 선뜻 용기가 나지 않는다.

빈 자리

우리 눈에는 보잘것없어 보이는 사람이 있다. 보자기를 펼쳐 놓고 채소 한 움큼씩만 내어 놓는 할머니, 리어카에 오뎅과 붕어를 파는 아주머니, 쪼그려 앉아 구두 닦는 소아마비 아저씨. 길가의 좌판상이라 초라하게 생각했는데, 막상 필요해 찾다가 보이지 않으면 궁금해진다.

내가 사는 아파트에서 조금 나가면 삼거리 한 코너에 십여 년째 채소장수를 하는 김 씨 부부가 있다. 새벽부터 해 질 때까지 일하다 보니 얼굴이 새까맣다. 앞산 등산객들이 집으로 가는 길목이라 수입이 그런대로 괜찮아 대학생 자녀가 두 명이나 된다고 한다. 아침, 구청에서 나온 행상 단속하는 차가 방송을 해댄다. 김 씨가 부리나케 리어카에 채소를 싣고 골목으로 도망치듯 사라졌다. 며칠 동안 보이지 않았다. 알고 보니 경범죄로 구청과 즉결재판소로 불려 다니다가 벌금을 물고 겨우 나왔다고 했다. '재판소에 가는 것이 겁나는 것이 아니라 몇 년은 더 벌어야 자식들 전문대학이라도 졸업시키는데' 하면서 그것이 걱정이라고 했다. 얼마 뒤 퇴근길에 채소가 필요해 김 씨를 찾았으나 보이지 않았다. 있어야 할 사람이 없으니 희미한 전기 불빛 밑의 사과 상자로 된 좌판이 왠지 허전해 보였다.

시골에서 땅 부자로 알려진 친구 아버지가 있었다. 가꾸는 밭에는 온갖 채소가 다 있었다. 매일 몇몇 가지의 채소를 가지고 도시로 나왔다. 그것도 사람이 많이 다니는 한일로 극장 앞에서 채소를 널어 놓고 있는 것이었다. 집으로 가는 길목이라 고향 사람들을 자주 마주쳤다. 동네사람들은 자식들을 나무랐다. 자식농사 잘 지었기로 소문난 집안인데 어떻게 어른을 대하였길래 저러느냐고 모두가 못마땅하게 생각했다. 비가 추적추적 내리는 날에 그 앞을 지나가게 되었다.

"○○아버님! 수고하십니다. 비 오는데 저쪽 곰탕집에 가서 몸이나 녹입시다."하면서 등을 떠밀다시피 하여 겨우 식당에 갔다. 곰탕을 단숨에 다 들고 나더니 마음에 담아둔 이야기를 끄집어내었다. 아침 일찍 시골서 가져온 채소를 풀어 놓고 막 장사를 시작하려는데 자식의 친구 되는 사람

앉은 자리 꽃자리

이 길가에 자가용을 세우더니,

“어르신! 수고하십니다. 여기 있는 것 모두 다 얼마입니까?”하면서 몽땅 사려고 하여,

“한 번에 다 팔 수는 없네. 다 팔고 나면 나는 오늘 무슨 재미로 살겠는가?”

라고 했다는 것이다. 채소를 팔면서 사람을 만나고, 세상과 대화를 하고 있었던 것이다. 수십 년 만에 그 장소를 지나가본다. 남의 이목을 조금도 아랑곳하지 않고 꼿꼿이 앉아 채소를 팔고 있는 친구 아버지에 대한 추억들이 가을 낙엽에 묻어 바람에 날려 간다.

시어머니의 장례식을 치른 단골환자가 오랜만에 왔다. 시어머니가 무서워 일부러 직장생활을 오래 했다고 한다. 시어머니가 밥을 해놓고 거실에서 기다렸다. 그때는 시어머니가 두려워 솔직히 안 계셨으면 좋다고 생각했다고 한다. 그런데 갑자기 돌아가셨다. 이제는 직장에서 돌아오면, 거실에 앉아 기다리던 시어머니가 왜 그리도 그리운지 모르겠다고 한다. 근래에는 명절이 되어도 찾아오는 사람들을 보기 드물다고 했다. 시어머니의 자리가 그렇게 큰 줄을 진작 몰랐다고 한다.

생업을 위해서든, 그저 좋아서든 그 장소를 계속 지킨다

는 것은 아름다운 일이다. 그 사람의 위치를 하찮게 생각해 대수롭지 않게 여기다가, 막상 찾아 그 사람이 없을 때 얼마나 섭섭한지 모른다. 이 우주의 넓은 곳에서 자기가 있어야 할 자리에 있다는 것, 그 자체로서 경이로운 일이 아닐까.

쉽게 운명 바꾸는 법

나는 웃는 얼굴을 좋아한다. 경주서 발굴된 수키와의 수막새에서 나온 웃는 얼굴 상을 사무실에 걸어 놓고 자주 보고 있다. 웃음은 행복한 사람들의 표징이자 사람들과의 소통에 있어 어떤 말보다도 강력한 말이라고 생각하기 때문이다.

성공한 사업자에게 성공의 비결을 물어본 적이 있다. 시골에서 가난하게 자랐는데, 논 한 마지기 물려줄 것 없는 아버지가 유언처럼 한 말을 따랐다고 했다. 그 말인즉 '웃는 얼굴에 인사만 잘하면 밥은 굶지 않는다'는 말이었다. 처음엔 너무나 간단하고 쉬운 말 같아 의아해했지만 대체로 성공한 사람들의 얼굴이 둥근 인상에 미소를 머금고 있음을 보면 빼 없는 이야기는 아닌 것 같다.

사람의 얼굴에는 세상과 가장 먼저 교류하는 눈, 코, 입,

귀들이 모여 있다. 또한, 가장 예민한 30여 개의 근육이 모여 있는 곳이다. 그렇다 보니 우리의 생각이나 마음의 변화가 그대로 얼굴에 나타나기도 하고 또한 우리의 육체적 변화가 그대로 반영되는 곳이기도 하다. 그래서 의학자들은 얼굴에서 그 사람의 건강을 점검해 볼 수가 있고, 관상가들은 거기에서 그 사람의 인생 역정을 읽을 수가 있다.

우리는 흔히 행복하면 웃음이 따라온다고 한다. 그러나 지혜 있는 사람들은 역으로 즉 다소 슬프더라도 웃으면서 살아가면 언젠가는 행복이 따라온다고들 한다. 성공하고, 행복한 사람들이 대체로 밝고 웃는 얼굴이라면 역으로 웃는 얼굴에 밝은 얼굴을 하게 되면 언젠가는 운명도 바뀔 수 있을 것이라는 얘기다.

인도나 유럽에서는 단지 만나 실컷 웃는 웃음 클럽이 많다고 한다. 한 사람씩 이야기 보따리를 가지고 와서 한 마디씩 하면 배를 잡고 실컷 웃다가 헤어진다고 한다. 재미있는 것은 사람이 많은 곳에서도 할 수가 있는데, 예를 들면 전철 안에서 휴대폰에 대고 사람과 대화하듯 수화기에 대고 웃는 것이다. 사람들이 너무나 좋아해서 날이 갈수록 회원이 많아진다고 한다.

매사에 부정적으로 짜증을 곧잘 내면서 남편과 시어머

니와 사이가 안 좋은 아주머니를 만났다. 얼굴은 어두워 웃음이라고는 찾아볼 수가 없었다. 그래서 아침에 자고나서 누운 상태에서 오 분 동안 무조건 한바탕 웃기만 하는 웃음 명상을 권유했다. 그 뒤 몇 달이 지나고 밝은 얼굴로 나타났다. 자기가 밝아지니 남편과 시어머니와 사이도 좋아지고 주위 사람들과도 관계가 좋아졌다고 자랑했다. 밝고 긍정적인 사람에게는 항상 사람들이 들끓음을 증명해 주었다.

얼마 전 초면에 인사를 나누게 되었는데 상대방이 나를 보고 대뜸 '안동 하회탈 같습니다.' 라고 하는 것이 아닌가. 처음에는 어떻게 답해야 할지 난감했다. 그러나 조금 지나 보니 기분이 영 나쁘지는 않아 웃음으로 답한 적이 있다. 실상 이런 말을 듣기까지 그동안 나름대로 상당히 힘들게 살아왔다. 특히 청년기엔 우울하여 얼굴에 주름살이 펴질 날이 없었다. 그래서 웃고 잘 노는 사람이 그렇게 부러울 수가 없었다. 그때 마침 안창호 선생께서 만드신 흥사단에 입단하게 되었는데 생활 강령에 '훈훈한 마음, 빙그레 웃는 얼굴' 의 구절이 마음에 쏙 들어 당분간 활동한 적이 있다. 그 뒤에도 항상 이 말을 가슴속에 품고 다녔는데 그 효과가 얼굴에 나타났는지 모르겠다.

정물

훈훈한 마음에 밝은 미소는 사회생활에 많은 도움을 준다. 그러나 뜻대로 안 되는 세상에서 항상 웃고 좋은 인상을 남긴다는 것은 그리 쉬운 일이 아닐 것이다. 비록 마음이 아프고, 슬프더라도 이것을 속으로 삭여 끝까지 웃을 수 있는 사람이어야 진정 인생의 달관자일 것이다.

쉬운 명상법

누구나 한두 번은 망상으로 고생했을 것이다. 어떤 경우는 지금 자기도 모르는 사이에 그 속에 빠지는 사람도 있다. 필자도 고등학교 졸업 후 재수생 시절에, 이상은 높고 성적은 뜻대로 나오지 않아 불안 공포에 시달렸다. 그 망상의 늪에서 빠져나오지 못해 한참 동안 어두운 날을 보냈다. 마침 나름대로 처방을 찾아내어 다른 사람보다 빨리 그 터널에서 나왔지만, 지금도 그 방법을 몰라 많은 사람이 음지에서 고생하고 있다.

현대인들은 자기 자신에 집중하기보다는 남에게나 TV, 매스컴 등에 관심이 가도록 길들여져 있다. 자기보다는 남에게 집중되어 있다 보니, 자기 자신에 집중인 구심력보다는 바깥으로 향하는 원심력 쪽으로 살아가게 유도되어 있다. 그 결과 구심력이 약화하여 자아 상실과 정신분열 등으로 고생하게 된다. 그래서 이러한 정신적 질병과 정신 건강을 위해선 바깥으로 향하는 원심력을, 자신에게로 향하는 구심력으로 바꾸어 나가야 한다.

바깥 대상을 좇아 멀리 가려는 원심적인 것을 나에게로 되돌리는 방법의 대표적인 것이 비파싸나 명상법이다. 이 명상법의 구체적인 방법은 의외로 간단하다.

우리의 모든 일상생활에서 무슨 말을 하든지, 무슨 감정을 느끼든지, 몸의 동작이 어떠한지, 떠오르는 사념이 무엇인지, 이러한 하나하나에 대해서 언제나 완전하게 깨어있는 마음으로 알아차려야 한다는 것이다. 즉 마음의 변화인 슬픔, 증오, 시기, 기쁨 등의 모든 감정을 즉각 알아차리고 주시해야 한다는 것이다.

특히 망상인 경우 이것이 일어날 때, 이것을 없애야 할 대상으로 보지 말고, 그것들이 일어난 즉시 망상임을 알아차리면 되는 것이다. 그러면 머지않아 그것들은 저절로 사라지게 된다. 이처럼 어떤 사념이 떠오르더라도 없애려고 하지 말고 오직 마음을 현재 여기에 두고 망상임을 알아차려 그저 가만히 지켜보고 있으면, 그것들은 저절로 왔다가 저절로 사라지게 된다.

우리가 어떤 사념 속에서 계속 헤어나지 못하고 있다면,

무아

그것은 우리 자신이 그것에 개입하여 집착하고 있는 탓이다. 필자도 한때 두통을 없애려고 무척 노력했다. 머리만 맑으면 살 것 같아 치료법을 찾아 백방으로 헤맸지만, 지나친 긴장에서 오는 긴장성 두통임을 알게 되었다. 그 뒤 열심히 운동하고 많은 독서를 하면서, 머리에 일절 관심을 두지 않았더니 그 증상이 자연히 사라짐을 체험했다.

한 부인이 3살 된 사내아이를 데리고 진료실을 찾아왔다. 얼굴을 자주 실룩거린다는 것이다.

아직 얼굴 근육의 발달이 덜 되어 그럴 수 있다고 했다. 자주 지적하면 틱 병으로 진전될 수 있으니, 가만히 지켜보고 사랑으로 일관하라고 충고했다. 그 뒤 얼마 안 있어 그 증상이 사라졌다고 한다. 이 모두 집착에서 발생할 수 있는 병이라 할 수 있다.

봄이 되면 새싹이 자라나듯, 망상도 우리가 거기에 집착을 하지 않고, 단지 망상임을 알고 가만히 지켜보고 있으면, 바람처럼 저절로 왔다가 저절로 사라지게 되는 것이다. 방법은 이렇게 간단한 것 같지만, 그동안 너무나 오래된 습관 때문에 처음엔 그 속에서 쉽게 헤어나오지 못한다.

그래서 처음엔 다소의 연습이 필요하다. 일정한 시간을 정해놓고 체계적으로 실행해나가야 한다. 무엇보다도 망상의 사슬을 끊고자 하는 의지만 있다면 서서히 효과가 나타날 것이다.

자작나무숲

평생 만든 작품

평생 만든 작품

나는 애 늙은이였다. 20대 후반인데도 유난히 얼굴에 주름살이 많았기 때문이다. 결혼하기 바로 전에 사귀고 있던 아가씨의 어머니가 나를 보고 '저 총각 혹시 결혼하지 않았나. 확실히 알아보고 사귀어라.' 란 말을 들었을 정도였다.

얼굴에 자신을 가지지 못하다 보니 잘난 사람을 부러워하고, 얼굴이나 미용에 유달리 관심이 많게 되었는지 모르겠다.

동창회 모임에 그동안 다소 힘들게 살아온 친구가 있는데 하루는 허연 수염을 기르고 참석했다. 하도 오래간만이라 그 친구의 근황도 물을 겸 해서 모두가 그 옆으로 모였다. 수염도 만지작거려 보고 주름살도 한참 들여다보았다. 욕심을 버리고 시골서 자연인으로 돌아가 살다보니 주름살과 수염이 자연스럽고, 아름답게 보였다.

세월이 흘러 나이가 육십이 넘고 보니 상황과 생각이 조금씩 달라진 것 같다. 주위 친구들을 가만히 살펴보니 나이는 어쩔 수 없는지 피부도 노화 현상으로 주름살이 많아짐을 볼 수 있었다. 나는 일찍 늙어버렸는지 오히려 보는 사람들이 더 젊어졌다고 한마디씩 해주어 다소 위안이 되어, 지금은 옛날만큼 주름살에 대해서 그렇게 심각하게 생각하지 않고 살아가고 있다.

사진관에 사진 촬영차 들렀는데 마침 집안 3대가 가족사진을 찍고 있었다. 사진사가,

"할머니, 주름살을 잘 없애 드릴 터이니 더 웃으세요."라고 하니 할머니가,

"사진사 양반! 내 주름살은 평생 걸려 만든 것인데 그대로 두어도 됩니다."

라고 말하는 것이 아닌가. 깡마른 얼굴에 주름살이 온 얼굴을 덮어쓰고 있어도 그것을 창피스럽게 감추지 않고 저렇게 당당히 말할 수 있다니 나는 할머니를 다시 한 번 쳐다보게 되었다.

관상학에선 주름살을 자기가 살아온 인생의 발자국으로 생각한다. 그것을 보고 과거를 알 수 있고, 나아가 미래까지 예견할 수 있다고 한다. 내 이마의 주름살을 가만히 분

석해보니 중간에 줄도 더러 끊어져 있어 자연스럽지 못했다. 인생을 너무 심각하게 살아왔고 그만큼 정신적으로 힘들었다는 표시일 것이다. 관상가들은 또한 자기 마음먹기에 따라서 관상과 주름살을 바꿀 수 있다고 하니 아직까지 희망을 다소 가지고 살아가고 있다.

그동안 살아온 여정이 비록 힘들고 고달파, 지금의 주름살이 많은 얼굴이지만 앞으로는 더 아름답고 보기 좋은 주름살이 되도록 살아가고 싶다. 비록 크게 성공은 하지 못했지만 나름대로 최선을 다하여 나중에 사진관에서 만난 할머니처럼 평생 걸려 만든 작품이라 생각하고 당당히 내 인생의 증표이자 훈장이라고 말하고 싶다.

해바라기

천 원짜리 한 장

우리들은 계속 주고받으며 많은 거래를 하면서 살아간다. 그 중 돈거래 시 가까운 사이에서 많은 문제가 발생하고 있음을 본다. 상대방을 너무 믿어 소홀히 한 탓일 것이다. 또 짧은 시간 내의 거래에서도 이쪽에서는 분명히 주었는데, 상대방이 안 받았다거나 적게 받았다고 할 때 더욱 난감하게 된다. 그래서 이러한 분쟁을 줄이기 위해서는 친한 사이라도 거래는 분명히 해야 하고, 일상생활에서 작은 계산을 할 때라도 정신을 집중해야 할 필요가 있다.

집안의 형제가 크게 싸움하는 것을 보았다. 한 사람은 돈을 빌려 주었다고 하고 한 사람은 몇 년 전에 갚았다는 것이다. 보증인이나 증서가 없으니 싸움이 끝날 일이 없어, 오십만 원 때문에 결국 의리를 상하고, 원수 같이 된 경우를 보았다. 집안 어른들은 가까울수록 돈거래는 분명히 해

에밀레종 비천상

야 하고 반드시 증표를 남겨 놓아야 한다고 했다.

중학교 일학년 때, 대구 근교에서 통학할 때이다. 시외버스 주차장에 있는 포장마차에서 오뎅을 사 먹게 되었다. 차가 오면 빨리 탈 요량으로 돈을 먼저 지불했다. 마침 차가 와서 무심코 차에 올라 출발하려던 차, 오뎅 아줌마가 차에 타더니 대뜸 '오뎅 먹고 돈 안내고 도망가면 어떻게 하느냐.' 며 나에게 호통을 쳤다. 버스기사도 출발하려는 눈짓으로 빨리 해결하라는 눈치를 보내어 울며 겨자 먹기 식으로 돈을 두 번 치렀다. 차에 탄 고향 사람 모두가 도둑으로 취급하는 것 같아 집에 오는 한 시간이 왜 그리 길게 느껴졌는지 모른다. 이 사건 뒤로 항상 계산은 다 먹고 나올 때 하는 습관이 생겼는데, 가끔 다른 사람이 계산해버려 미안할 때가 간혹 있다.

70년대 일본에서 재일교포가 운영하는 MK택시를 타본 선배가 이런 말을 했다. 택시를 타고 '어디로 갑시다.' 고 하면 기사는 '예, ㅇㅇ로 모시겠습니다.' 라고 복창하고, 목적지에 도착하여 큰돈을 내면 그 돈을 받아 쥐고 '손님으로부터 ㅇ원을 받았습니다.' 하고는 요금을 빼고 얼마가 남았다고 하면서 거스름돈을 주더란 것이다. 짧은 시간 내에서도 서로가 오해가 생길 수 있어 그것을 불식하기 위해 노력하는 것 같아 역시 세계적으로 유명할 수밖에 없는 서비스 정신에 감탄했다고 한다.

십여 년 전 자정이 다 되어 택시를 탔다. 키가 큰 기사는 베트남 참전용사로서 온 몸에 파편 투성이라고 자랑을 늘어놓았다. 집 근처에 다 와서 천 원짜리 여섯 장을 주고 내렸는데 기사가 '천 원 한 장이 모자라는데.' 하는 것이 아닌가. 내리면서 순간적으로 운전대 앞에 밑으로 무엇이 떨어지는 것을 슬쩍 보았다. 그래서

"기사님! 지금 자정이 다 되었지만 오늘 술 한 방울도 먹지 않았습니다. 밤늦게 다니는 손님이 그런 실수를 종종 하는지는 모르지만, 장난이 좀 심한 것 같네요."

라고 하니 자존심이 상했는지 경찰서로 가자고 큰 소리 쳐서, 결국 근처 파출소로 가게 되었다. 경찰관이 '무엇 때문에 왔느냐' 고 물어 '돈 천 원 때문' 이라고 하니 두 사람이 잘 타협하길 바라는 듯 관심도 없었다.

그 사이 기사는 바지를 걷어 올려 흉터를 보이면서 베트남전쟁에서 포상까지 받은 상이용사라면서 씩씩거리며 왔다 갔다 시위를 했다. 그리고는 혼자서 나가 버려, 나도 하는 수 없이 나왔다.

받은 사람이 덜 받았다고 하니 어디 가서 하소연할 곳이

없다. 차에서 내리기 전에 상대의 손에 분명히 쥐어주고 계산이 끝났을 때 내렸어야 하는 건데 그때서야 일본 MK택시의 기사가 큰 소리로 복창하는 이유를 알 것 같았다.

그 사건 얼마 뒤 서울에서 볼 일을 마치고 대구에 새벽 2시에 도착하여 택시를 타게 되었다. 기사 뒷모습이 많이 보던 사람이었다. 일 년 전 파출소에 같이 간 그 기사였다. 정말 세상은 좁은 것을 새삼스럽게 느꼈다. 집 근처에 다 와서

"기사님! 안녕하십니까? 작년 천 원 때문에 파출소까지 간 그 사람입니다. 요새도 천 원 덜 주고 내리는 사람 더러 있습니까?"

라고 하면서 거스름을 받지 않고 그대로 내렸다. 기사는 머리를 푹 숙이고 쏜살같이 멀리 사라졌다.

이러한 일련의 일을 경험하고 나서는 가까운 사이의 금전거래도 분명히 하려고 힘쓰고, 계약상의 글자 한자 한자라도 꼼꼼히 챙기는 습관이 생겼다. 슈퍼나 식당에서 짧은 시간 사이 계산하는 일상의 작은 일에도 정신을 바짝 차리려고 하고, 나올 때 계산서를 한 번 더 보는 습관이 생기게 되었다. 그 기사 덕분이었다.

내치는 어미 닭

어떤 식당 입구에 '어린이 출입금지'란 팻말이 붙었다. 서구 선진국에선 어린이의 사회 공동생활에 대해서 아주 엄격한 편이지만 우리는 어린이의 행동에 너무 관용적이어서 식당 주인이 참다못해 써 붙인 모양이다. 지금도 주위엔 나이가 칠십이 다 된 부부가 자기 집을 두고 자식 집에서 손자와 집을 봐주러 가는 사람이 한둘이 아닌 것을 보면 우리는 자식 사랑이 너무 지나친 것 같다.

어릴 때 집에서 닭을 키웠다. 어미 닭이 알에서 깐 병아리 수십 마리를 몰고 다녔다. 어미가 먹잇감을 발견하고 새끼를 부르면 어미 주위로 짝 모였다. 항상 어미는 먹잇감을 새끼들에게 먼저 주었다. 그런데 어느 날부터 어미 닭 혼자서 먹는 것이 아닌가. 심지어 새끼들이 어미의 먹이에 미련을 두면 온몸에 털을 바짝 세워 병아리들을 쫓아 버리는 것

일산 그 곳

이었다. 새끼들이 어느 정도 먹이를 스스로 찾아 먹을 정도가 되었다고 생각하여 그렇게 대했는지 모르지만 어린 나로서는 엄마가 혹시나 그럴까 봐 마음이 불안했음을 지금도 기억하고 있다.

시골집이 대구서 사십 리라 볼일이 있으면 아버지와 같이 시외버스를 탔다. 아버지는 기사 석 근처 앞쪽에 앉고 나는 뒤에 앉았다. 안내양이 앞에서부터 차비를 걷으려고 내 앞까지 다가왔다. 나는 당연히 아버지가 나의 차비를 내었을 것으로 생각하고 '앞에서 차비를 받지 않았느냐' 고 하니 안 받았다고 하면서 차비를 내라고 독촉했다. 어린 나이에 왜 그렇게 아버지가 차갑게 느껴졌는지 모르겠다.

내 고향의 후배는 위로 누나 다섯 뒤에 태어났다. 부모님의 사랑을 얼마나 받았는지 동네사람들 입에 오르내렸다. 어른들과 이야기를 하고 있으면 자기 아버지의 목에 올라타고 이야기를 제대로 못 하게 해도 아버지는 그저 웃으면서 무릎에 앉히는 것이었다. 어른들이 그렇게 키우면 안 된다고 해도 막무가내였다.

나이가 들면서 직장에 들어가면 한 달을 채우지 못하고 나오더니 사고를 자주 쳤다. 그러다가 파출소에 잡혀가게 되면 아버지는 밤새도록 파출소 근처를 서성거리면서 무슨 수를 쓰더라도 자식을 빼내어 와야 잠을 잤다. 성장하면서 부모에게 욕과 손찌검도 하고 화투판을 전전하다 결국 전과자가 되어 모두가 비탄 속에서 살아가고 있음을 보고 있다.

집안의 동생이 두 아들을 끔찍이도 사랑하여 요구하는 무엇이든 들어 주었다. 자식들이 중학교 들어갈 즈음 부부 사이 갈등으로 잠시 별거하게 되었다. 하루는 아들들이 찾아와 일방적으로 터무니없이 돈을 달라고 해서 주지 않았더니 거실 장식물을 파손하면서 입에 차마 담지 못할 욕을 해대면서 나갔다. 그 뒤 이혼하여 자식과 인연을 끊어버리고 십여 년이 지나갔다. 성인이 되어 다시 만나게 되었다. 그동안 엄마와 살면서 정신적, 물질적으로 고생했는지 아주 성실하고 겸손한 청년으로 바뀌어 장학금을 받고 있다고 했다. 종교를 믿으면서 봉사활동도 가끔 간다고 했다.

"자식을 품 안에 넣지만 말고, 내치라는 말이 맞는 것 같다."라고 하면서 오히려 어려운 환경이 정신적으로 더 성장하기 위한 좋은 환경이었는지 모르겠다고 했다.

자식 교육에 관심과 사랑이 너무 부족해도 문제겠지만, 너무 지나친 것은 진정 사랑과 거리가 멀다고 생각된다. 병아리들이 자기 먹이를 찾아 먹을 수 있으면 내치는 어미 닭같이 냉정하고 힘든 세상 홀로서기 하도록 격려해주는 것이 진정 부모들의 소임일 것이다. 버스 안에서 차비를 내어 주지 않은 아버지가 그렇게 멀리 느껴졌는데 나이 들어보니 자식의 홀로서기를 위한 아버지의 교육관이었는 것 같다.

행운과 화근

로또복권 당첨, 부동산 횡재 등의 기사를 보면 우리의 가슴이 나도 모르게 설레게 될 때가 있다. 그러한 행운이 나에게는 언제 오나 하면서 기다려지기도 한다. 그러나 그에 상당한 노력과 수고가 없는 어떠한 횡재라도 행운보다 오히려 화근이 될 수 있음을 우리 주위에서 흔히 볼 수 있다.

나는 삼십대 후반에 횡재를 경험한 적이 있다. 88올림픽 개최 직전에 조그만 땅을 사두었는데, 일 년이 조금 지나 땅값이 꽤 올라 조그만 건물 한 채를 가질 수 있게 되었다.

억 대의 돈이 쉽게 들어오니 무서울 게 없었다. 평소 내가 좋아하는 자연요법의 의료업을 경제개념도 없이 무리하게 밀어부쳤다. 돈이 쉽게 들어오니 다소 분수에 넘치게 굴다가 결국 그 대가를 톡톡히 치른 셈이었다.

대구 근교에서 돼지농장을 크게 운영하는 지인이 있었다.

인적이 드문 곳에서 부부는 일심동체가 되어 수백 마리의 돼지를 키우며 농장을 확장해 나갔다. 그런데 근처 아파트 단지가 들어서게 되어 수십 억의 보상을 받게 되어 살던 곳에서 먼 곳으로 이주를 하게 되었다. 그 때부터 주인은 목장 일을 소홀히 하고 고급 승용차를 굴리면서 술집으로 쏘다니면서 여자관계가 복잡하였다. 부부싸움이 잘 날이 없더니 결국 이혼하기로 했다. 그 동안 법정싸움으로 두 사람은 만신창이가 되었다. 그 와중에 부인은 교통사고로 세상을 달리했다.

농장 주인도 부자가 된 듯 거만을 떨다가 어떤 사기꾼에게 걸려들어 토지 보상금을 다 잃어버렸다. 부인 장례식에서 갑자기 생긴 보상금 때문에 분수도 모르고 촐랑대다가 결국 가정도 잃고 모든 것을 잃어버렸다고 하면서 하염없이 눈물을 흘리고 있었다.

고향의 한 후배는 차 정비공장의 기사로 열심히 근무하고 있었다. 그런데 우연히 사둔 복권이 당선되어 갑자기 몇 억의 돈을 만지게 되었다. 하루아침에 억대 갑부가 된 이 사람은 그 다음 날 회사에 가서 상관들에게 큰소리치면서 퇴직서를 쓰고 나왔다. 그리고 중국으로 건너가서 돈으로 사람을 사오다 시피 하여 결혼을 하고, 중국에다 차 정비 공장을 차렸다. 큰 회사의 CEO가 된 것처럼 비행기로 왔다갔다 하더니 일 년도 안 되어 부인이 도망가 버리고 공장도 운영이 힘들어 결국 문을 닫게 되었다. 그 후 술독에서 계속 살아 술 없이는 잠을 못 잘 정도가 되었다. 복권당첨을 알고 찾아온 형제지간을 모두 뿌리쳐 집안도 가정도 다 깨어졌다. 옛날의 직장을 그리워하면서 낭떠러지 근처를 헤메는 후배를 보았다.

몇 년 전 미국의 한 대학에서 수십 억의 복권 당첨이 된 사람들을 추적하여 보았다. 그런데 대부분의 사람들이 당첨되었을 때보다 그 전이 더 행복했다고 한다. 인간의 땀과 노력의 대가를 치르지 않은 어떠한 횡재도 결국 행운이 될 수 없다는 것이다.

오랫동안 고생하여 얻은 것이 오래 가고, 쉽게 얻은 것은 언젠가 쉽게 나갈 수 있을 것이다. 쉽게 얻은 횡재는 행운이 아니라 오히려 화근이 될 수 있음을 알 수 있다

忍忍忍

출구 없는 대책

성매매특별법이 시행된 지 8년을 맞았다. 집창촌이 없어져 사회가 더욱 건강해졌으리라 여겼지만 작년 경찰청의 자료에 의하면 성범죄가 오히려 증가했다고 한다. 이는 성에 대해서 깊은 이해 없이 출구만 막는다고 해서 근본적인 해결책이 될 수 없음을 말해주고 있다.

현대 생리학에선 인간의 생명은 부모의 정자와 난자 즉 성세포들의 만남으로서 출발한다. 우리 몸은 성세포가 진화되어 구성되어 있음으로 사람의 신체는 성을 떠나서는 존재할 수 없다. 그래서 육체가 건강하면 성생활도 건전한데 만약 성생활이 정상적이 못하면 건강에도 적신호를 보인다고 한다. 이는 나이가 많아도 별 차이가 없다. 오히려 몸이 뜻대로 되지 않는 칠팔십 때 본능적으로 성에 대한 집착이 더 강해진다고 한다.

남자가 사춘기가 되면 남성호르몬이 폭포처럼 쏟아진다. 그런데 그런 아이를 가두어 놓고 운동도 못하게 하고 공부만 강요한다. 포르노 같은 아동음란물이 범람하는 시대엔 아이들이 과연 여기에 물들지 않는다는 것이 오히려 신기할 정도이다.

인간이 문화적인 생활을 해오면서 가장 위선적인 것이라면 성에 대한 태도라고 하겠다. 결혼을 하거나 나이를 먹을수록, 성을 모르는 중성 인간으로 만들어 간다. 특히 종교단체에서는 금욕을 강조하다 보니, 성에 대해 생각만 해도 저속한 속물로 생각하게 되었다. 그러다보니 자기 몸 전체가 성세포로 시작되었음에도 성에 대해 조금만 생각만 해도 죄악시하고 위선자로 만들어 가고 있는 것이다. 그래서 성직자가 하루아침에 성문제로 옷을 벗기도 하고, 저명인사가 하루아침에 추락하는 것을 우리 주위에서 매일 보고 있다.

그렇다보니 남자들만 모인 술상에서 비아그라가 안주로 가장 많이 등장하고, Y담 X담을 싫어하는 남성이 없다. 유명기관에서 조사한 바에 의하면 장,노년 남성들이 하루 중 가장 많이 생각하는 것이 성에 관계되는 것이라고 한다. 근래 노인건강 강좌에서도 성에 대한 강좌가 인기가 제일 높다고 하는 바 평범한 인간이 성인처럼 살아가도록 강요당하다보니 문제가 생기지 않을 수 없는 것이다.

인간 본성이 이러할진대 어떻게 성매매특별법을 만들었는지 입법한 자들의 사상이 의심스럽다. 청와대 정책입안자의 그 뒤에 모 젊은 여성과 염문을 뿌린 사실은 인간의 본성을 잘 이야기하고 있는 한 예가 될 것이다. 사회를 위해선 건전한 성생활의 정책이 반드시 필요하다. 말하고 싶은 것은 특별법이 원활하게 시행되기 위해선 엄벌주의 이전에 근본적인 인간에 대한 이해와 성범죄를 줄이기 위한 대책도 아울러 생각했으면 한다.

근래 통계에 의하면 저소득층에서 성범죄가 주로 증가했다고 한다. 철거된 집창촌이 철거되다보니 성매매업소들은 자연히 주택가로 은밀하게 침투하게 되었다. 일부 여유 있는 사람들은 그런 곳으로 발길을 돌리겠지만, 저소득층들은 어두운 밤거리를 헤매고 있는 것이 문제인 것이다.

본능적 욕구는 그대로 두고 출구를 막아버리니 부작용이 생길 수밖에 없고 물리적 거세 같은 처벌강화는 2010년 김길태, 2012년 오원춘 사건 같은 더 잔혹한 성범죄가 될 수 있다. 즉 처벌만 강화한다면 성폭력 후 살인이란 공식이 생길 수 있어 범죄를 더욱 흉포하게 만들 수 있는 것이다.

몇 년 전 서울 미아리 집창촌 철거에 앞장선 경찰서장 김강자씨가 최근 토론회에 나와서 일방적으로 집창촌 철거나 엄벌주의가 근본적인 해답이 될 수 없음을 자인했다. 특별법이 시행되고 있는 지금도 성매매는 여전히 성행하고 있고 성범죄는 점점 더 흉포화되고 있다. 곳곳의 여러 매체에서 위선적 성특법을 폐지하거나 재검토해야 한다는 소리가 들려온다. 인간에 대한 깊은 이해도 없이 처벌만 강화한다고 해서 근본적인 해결책이 될 수 없음을 알 수 있다.

수련

사소한 차이

우리 주위엔 요식업으로 성공한 예를 많이 볼 수 있다. 소문난 곳을 찾아 가보면 역시 무언가 다르다. 그러나 자세히 들여다보면 다른 곳과 아주 큰 차이가 있는 것이 아니라 아주 작은 차이가 있는 것을 알 수 있다. 사람들이 무엇을 원하는지 잘 배려하여, 마음을 움직였다는 점을 공통적으로 볼 수 있다.

K대학 북문 근처에서 식당을 운영하는 후배 요리사는 한참동안 고생했다. 요리복에 높다란 모자까지 갖추고 불꽃을 튀기면서 전통요리를 보여주려고 노력했으나 학생 손님들은 외면했다. 그래서 요리복을 벗어던지고 학생들이 좋아하는 대패 삼겹살을 양껏 먹도록 하고 한 테이블에 페트 한 병의 음료수를 무조건 내었다. 음료수 값이 한 달이면 백만 원 이상이라 걱정했는데, 식당은 얼마 안 되어 빈자리

가 보이지 않게 되었다. 음료수 한 병의 서비스와 충분한 고기 양이 학생들의 마음을 움직였다.

팔공산 근처 고향의 친구 형이 운영하는 부추농장 식당이 있다. 부추 밭 바로 옆에 비닐하우스 안에 간단한 식탁을 두어 부담 없이 들어오도록 되어 있다. 자기 밭에서 재배한 채소로서 요리해 부추 전 가격이 시중의 반밖에 되지 않는다. '아주 구석진 곳인데도 어떻게 이렇게 많은 사람이 찾아왔는지 모르겠다.' 면서 친구 형은 싱글벙글 하고 있었다. 저렴하고, 시골의 전원의 풍경에 마음이 이끌려 사람들이 오는 걸 보면, 이젠 거리가 별로 문제가 안 됨을 보게 된다.

가끔 들르는 서문시장의 김밥집이 있다. 지금도 수십 년 전과 별반 차이가 없이 잘 되고 있고, 이제는 자식이 이어받아 하고 있다. 김밥은 다른 집과 별로 차이가 없는데 다른 점은 겉절이 김치를 준다는 것이다. 옆의 다른 집도 자기 집이 원조라고 치켜세우고 있다.

칠곡 3지구의 한 식당은 사장이 입구 근처에서 손님들을 맞이하면서 손님들의 구두를 닦아주고 있다. 앞산 카페골목의 T레스토랑은 경영주가 문 앞에서 일일이 인사로 맞이한다. 바쁠 때는 자기가 손수 서빙도 한다. 지금은 뒤땅까지 확보하여 주차장을 제일 크게 키웠다.

그러나 이와 반대로 실망하는 경우도 많이 보게 된다. 곰

어울림

탕집에서 청양 고추가 너무 매워서 '덜 매운 고추가 없느냐.' 고 했더니 '우리 집에는 청양만 쓴다.' 고 잘라서 말했다. 한 순두부집에선 식사를 하고 나오면서 '너무 묽은 것 같다.' 고 했더니 절대로 자기 집은 묽지 않다고 단정했다. 곱창 집에서 너무 질겨서 먹다 말고 나오면서 카운터의 여주인에게 그 말을 했더니 '다른 손님은 연하다고 한다.' 면서 손님의 말을 끊어 버렸다. 그런 식당은 몇 개월을 견디지 못하고 주인이 바뀌는 경우를 자주 보게 된다. 어떻게 서비스의 대표적인 업종인 식당을 하면서 기본적인 매너도 갖추지 않고 식당을 개업하려고 했는지 그 용기가 대단하다 싶다. 손님 말이 항상 옳다는 것을 사훈으로 삼는 대기업도 있는데, 이렇게 남의 말을 무시하는 사업은 잘 될 턱이 없을 것이다.

흔히 우리가 생각하기엔 크게 성공한 사업체의 뒷면에는 무언가 아주 큰 것이 있을 것이라 생각하기 쉽다. 그러나 자세히 들여다보면, 처음엔 아주 사소한 것에서 남과 차이를 두었음을 알 수 있다. 결국 모든 것은 어떻게 하면 사람의 마음을 움직일 수 있느냐 하는 데 귀결될 것으로 생각된다. 치열한 경쟁시대엔 많이 투자하여 많이 가지려고 하기보담 적게 투자하되 어떻게 하면 사람의 마음을 움직일 수 있느냐에 초점을 두고 시작한다면 희망적일 것이다.

소년등과少年登科

물질이 부족한 시절, 부잣집에서 태어나서 동네 아이들로부터 많은 시기와 부러움을 받던 친구들이 있었다. 그러나 지금은 그 친구들을 찾아 볼 수도 없고 간혹 들려오는 말에 의하면 힘들게 살아가고 있다고 한다. 어릴 때 경제적인 풍족함으로 인하여 게으르거나 교만하여 자기절제나 노력이 부족하여 그렇게 되었지 않았을까.

근래 미국 플로리다 주립대의 심리학연구실에서 1995~2005년 초등학교 생이 대학생이 되어 성적을 예상할 수 있는 유일한 개인적 성향은 자기절제라고 분석했다. 특히 아시아의 부모들은 자식에게 엄격한 규칙과 높은 목표를 설정하여 자식을 단련시킨다고 한다. 그래서 이러한 자기절제 위주의 양육법 덕분에 미국인보다 높은 학업성취도와 더불어 사회로 나가서 보수도 평균 20% 이상 높다는 통계를 내어 놓았다.

우리나라에서도 예부터 전해 내려오는 3가지 피해야 할 것이 있다.

1. 소년등과

2. 장년상처(壯年喪妻)

3. 말년궁핍(末年窮乏)

이 중 소년등과는 젊은 나이에 과거에 급제하거나, 하루아침에 유명인이 되어 많은 사람들로부터 우러럼을 받는 존재가 되는 것에 대해서 좋게만 보지 않았던 같다.

실제로 나의 주위에 대구 근교에 살면서 부동산개발로 인하여 하루아침에 억대 갑부가 된 집안이 많이 있다. 자식들이 사업에 대한 올바른 준비나 경험도 없이 사업을 벌였지만 지금까지 성공한 경우는 거의 볼 수 없다.

한 친구는 사업을 한다고 여러 가지에 손을 댔다. 그러나 어느 한 가지 마무리한 적이 없다. 뜻대로 사업이 잘 되지 않으면 부모에게 손만 벌리면 되었다.

수십 억대 재산을 50대 중반이 되어서야 다 탕진해버렸다. 언제든지 손만 벌리면 대어주는 지나친 부모의 사랑이 집안뿐 아니라 모두를 패가망신 시킨 것이다.

이 친구 소주집에서 지갑 속의 만 원짜리 한 장을 들고서

만물신

"만 원의 값어치를 이제야 겨우 알겠다. 좀 진작 알았으면 그 많은 재산을 다 날리지는 않았을 텐데." 하면서 후회하고 있었다.

부모가 진작 돈에 대한 소중한 개념을 심어주지 않았고, 사업가로서 필요한 절제나 자기관리에 대해서 소홀해서 이렇게 되었을 것이다.

자식을 훌륭한 사회의 지도자로 키우자면 비닐하우스의 식물처럼 응석만 받고 사랑만 줄 것이 아니라 어디서나 홀로 설 수 있도록 땀과 눈물의 소중함을 가르칠 필요가 있다고 생각한다. 사랑은 부족해도 문제지만 서른이 훨씬 넘었는데도 부모에 얹혀사는 경우는 너무 지나친 사랑이 아닌가?

어디 다친 곳 없소

우리나라가 OECD 회원국이 된 지도 오래다. 이제 그런대로 살 만하다. 민주주의도 어느 정도 정착되어 단시간에 모든 것을 이룬 나라로 회자되기도 한다. 그에 걸맞게 우리도 서로의 권리와 이익에 관계되는 일을 당했을 때는 합리적이고 이성적으로 해결해야 할 텐데 힘으로 밀어부치는 듯한 경우를 도처에서 볼 수 있어 안타까울 때가 많다.

나의 사무실은 이층이라 가끔 도로가 시끄러우면 바로 밑의 삼거리를 내다보게 된다. 하루는 직진하는 차와 진입하려는 차가 충돌하여 시비가 붙었다. 뚱뚱한 젊은 사람이 아버지뻘 되는 사람에게 대뜸 삿대질을 해댄다. 누가 잘못했든 모든 사건이 보험으로 처리되는 시대인데도 혹시나 불이익을 당할까봐 기선을 제압하려고 하는 모습에 동물세계를 보는 것 같았다.

옆집 주택지에 주유소를 짓게 되었다. 지하에 기름 탱크 묻을 곳을 파다보니 공사가 컸었고 공기가 길어졌다. 준공 기간이 생각보다 길어지는 것 같았다. 하루는 건물 주인을 만나 그동안의 사정을 듣게 되었다. 주인이 찡그린 얼굴로 말하길,

"골목 앞집에서 민원을 계속 넣어 공기가 삼 개월 이상 더 걸리게 되었다. 내가 무엇을 잘못했길래 이렇게 손해를 보이는지 도저히 알 수가 없다. 살다가 앞집 사람이 나를 이렇게 괴롭힐 줄은 꿈에도 몰랐다."

라고 했다. 앞집 사람은 주유소가 들어오게 되면 집값이 떨어진다는 것을 걱정하였던 모양이다. 할 수 있는 일은 민원을 계속 넣어 지연시키는 것을 자기 힘으로 여겼던 것 같다.

나는 몇 년 전에 급변하는 의료 환경에 적응하고자 이십 년 근무한 곳을 다소 먼 곳으로 이전하게 되었다. 나이가 오십이 지나니 긴장이 되었다. 그래도 나잇값을 해야하겠기에 오직 겸손한 마음으로 대처하기로 단단히 마음먹고 하루하루를 살아갔다. 일층 입구 뒷 건물과의 경계선인 담벼락에 벽보다 조금 높게 안내 간판을 붙였다.

어느 날 한 여성이 찾아 왔다. 자기는 뒷집 삼층에 사는

데 간판이 조금 거슬리니 철거해 달라는 것이다. 또 여성의 남편은 건물 옆의 우리 주차장에 세워둔 차의 뒷 범퍼가 골목으로 조금 나와서 통행을 방해해서는 절대로 안 된다고 했다. 법을 운운하면서 신고할 수 있다고까지 했다. 나이 들어 낯선 곳에서 살아가는 것도 서러운 판에 젊은 사람들에게 텃세의 서러움까지 당했다. 이렇게 차가운 세태에 나는 그날 잠을 설쳤다. 나중 알고 보니 이 사람들은 건물 처음 지을 때부터 계속 시비를 걸었고, 이러한 것을 잘 아는 부동산계통에 근무하는 사람들이라는 것이다.

어느 날 퇴근하려고 하니 주차에 대해서 간섭하던 그 남자가 허리를 펴지도 못하고 기어서 치료실을 찾았다. 얼른 침대로 안내하여 정성을 다 했더니 나갈 때는 허리를 펴고 당당히 걸어 나갔다. 얼마 안 있어 그 부인도 발목 염좌로 찾아 왔다. 하루 만에 좋아졌다. 톡톡히 효과를 본 그 뒤로는 부부가 대하는 태도가 조금 달라졌다. 안하던 인사도 하게 되고 아는 체를 하였다. 얼마 안 있어 다른 동네로 이사를 갔는데 잘 살아가는지 모르겠다.

선인들은 내가 지금 손해보는 것이 나중에는 덕보는 것이라 했다. 오늘의 일보 양보가 내일은 이보 전진이 될 수 있다고도 했다. 눈앞의 이익에서 조금만 비켜설 수 있다면

한가한 오후

복잡한 거리에서 기 싸움 같은 것은 하지 않을 것이다. 한 친구가 외국에서 앞차를 박았다. 앞차에서 노신사가 나오더니 어디 다친 곳이 없느냐고 했다고 한다. 나도 이런 경우에 노신사처럼 할 수 있을지 한번 생각해본다.

김진태 수필집
앉은 자리 꽃자리

인쇄 | 2015년 12월 10일
발행 | 2015년 12월 15일

글쓴이 | 김진태
펴낸이 | 장호병
펴낸곳 | 북랜드
서울 강남구 강남대로 320 황화빌딩 1108호
대표전화 (02) 732-4574 | (053) 252-9114
팩시밀리 (02) 734-4574 | (053) 252-9334

등 록 일 | 1999년 11월 11일
등록번호 | 제13-615호
홈페이지 | www.bookland.co.kr
이-메일 | bookland@hanmail.net

책임편집 | 김인옥
영 업 | 최성진

ISBN 978-89-7787-647-7 03810

값 15,000원